AF142586

FATMA AGVA

Die Wahrheit ist, ich war schon immer anders

novum pro

Dieses Buch ist auch als e-book erhältlich.

Bibliografische Information
der Deutschen Nationalbibliothek:

Die Deutsche Nationalbibliothek
verzeichnet diese Publikation in
der Deutschen Nationalbibliografie.
Detaillierte bibliografische Daten
sind im Internet über
http://www.d-nb.de abrufbar.

Gedruckt in der Europäischen Union
auf umweltfreundlichem, chlor- und
säurefrei gebleichtem Papier.

© 2024 novum Verlag

ISBN 978-3-99146-670-3
Lektorat: Kristina V. Heilinger
Umschlagfoto: Fatma Agva
Umschlaggestaltung, Layout & Satz:
novum Verlag

www.novumverlag.com

Druckprodukt mit finanziellem
Klimabeitrag
ClimatePartner.com/16547-2311-1001

Hallo lieber Leser,

schön, dass wir uns hier begegnen. Auf diesen besonderen Moment habe ich lange gewartet. Es ist mir eine große Freude, Dich auf meiner Reise mitzunehmen. Du wirst auf diesem spannenden, steinigen Weg viel von mir mitnehmen und auch viel von Dir erfahren. Ich bin nicht Dein Wegweiser, ich zeige Dir nur die Richtung zu Deiner emotionalen Reise. In diesem Buch erfährst Du, wie Du Dich von Deinen gelehrten Glaubenssätzen und Verhaltensmustern befreist, um Deiner Seele näher zu kommen. Auf dieser Reise werden wir gemeinsam Antworten finden, die darauf warten, gefragt zu werden.

„Eine Investition ins Reisen ist eine
Investition in dich selbst."

Matthew Karsten

Als Kind war unser Haus auf einem Berg und wir mussten jeden
Tag herunterlaufen, um in die Schule zu gelangen. Jeden Morgen ging ich mit dem Nachbarskind zusammen in die Schule.
Das Mädchen machte große Schritte und lief mir stets voraus.
Alle meine Bemühungen, sie zu überholen, scheiterten. Obwohl
sie relativ gelassen lief, konnte ich mit ihr nicht mithalten. Es
waren einfach ihre langen Beine, die mir einen Strich durch die
Rechnung machten. Da ich das mit meinem Ego nicht vereinbaren konnte, setzte ich mir jeden Morgen das Ziel, dieses Mädchen zu überholen.

Voller Tatendrang wagte ich mich jeden Tag aufs Neue an diese Herausforderung. Schnaufend und schweißgebadet sah ich ihr
dann aus der Ferne zu, wie sie mit ihrem blonden Zopf locker
dahinschwebend schlenderte. Dieser Anblick machte mich rasend und verdrossen zugleich. Wie konnte es ihr gelingen, lässig
und ohne jegliche Anstrengung so zügig in die Schule zu laufen?
Wochenlang hatte ich nur einen Gedanken im Kopf: „Wie kann
ich das Mädchen ausbremsen?". Mit der Zeit entdeckte ich kleine Gassen und Straßen, in der Hoffnung, schneller hinunterkommen zu können. Der Versuch, sie durch die Abkürzungen
einzuholen, scheiterte jedoch. Nach vielen erfolglosen Anstrengungen gab ich auf und ging ihr gehörig hinterher.

Warum erzähle ich Dir diese Geschichte? Wir Menschen neigen ständig dazu, uns mit anderen zu vergleichen. Während wir das tun, übersehen wir unsere eigenen Werte und lassen uns von unserem inneren Kritiker kleinmachen. Eins sollten wir uns immer bewusst machen: Es gibt keinen größeren Freund und Feind als uns selbst.

Vergleiche die Situation mit einem Fisch und einem Affen. Wenn wir erwarten, dass der Fisch genauso gut klettert wie der Affe, werden wir enttäuscht.

Denn dafür ist der Fisch nicht geschaffen. Genauso wenig können wir erwarten, dass der Affe im Wasser überlebt.

Damals war mir das nicht bewusst, da ich zu viele solche Erlebnisse des Scheiterns hatte. Um ehrlich zu sein, hat es vierzig Jahre meines Lebens gedauert, das zu verstehen, aber dazu später mehr.

An einem heißen Sommermorgen entschlossen sich meine Mutter und ihre Nachbarinnen, die farbenprächtigen orientalischen Teppiche ihrer Häuser zu einem großen Brunnen zu bringen, um sie dort zu waschen. Als fünfjähriges, wissbegierigeres Mädchen beobachtete ich stets, was sich im Dorf ereignete. Der Gedanke, im Wasser zu planschen und zu spielen, bereitete mir viel Freude. Nach einer kurzen Vorbereitung brachen wir auf und eilten Richtung Brunnen. Ich lief in meiner kindlichen Euphorie träumend den Erwachsenen hinterher und beobachtete währenddessen die Welt der Tiere und Pflanzen um mich herum. Ein schillernder Schmetterling flatterte von einer Blüte zu nächsten und schmückte die Natur mit seiner atemberaubenden Pracht. Ein grüner Grashüpfer landete auf meinem Finger und flog auch gleich weiter. Einige große, rote Waldameisen durchquerten die trockene Erde mit ihrer Beute. Jeder Grashalm, jede Blume und jedes Tier paarten sich unaufhörlich. Alle Tiere und Pflanzen wirkten vernetzt und abhängig voneinander. Sie hatten ihren Lebens- und Entfaltungsraum. In der Natur gab es keinen Krieg, sondern nur ein harmonisches Zusammenwirken.

Die Kinder kicherten und schubsten sich hin und her. Meine Anwesenheit war für sie nicht von Bedeutung. Ich fühlte keine Zugehörigkeit zu ihnen und doch war ich instinktiv verletzt, nicht ein Teil der Gruppe zu sein. Noch heute stelle ich mir diese wichtige Frage: „War es meine Erfahrung, die mich zum Einzelkämpfer gemacht hat, oder war es meine Neigung zur Einsamkeit, die diese Erfahrung vorangetrieben hat?"

Endlich kamen wir an und legten unsere schmutzigen Teppiche neben den historischen Brunnen, der schon viele Jahrhunderte als Wasserquelle gedient hatte. Der Brunnen hatte zwei kleine Becken, die wie Rechtecke aussahen. Hier in der Nähe gab es viele Äcker, Felder und Wiesen. Für alle durstigen, von der Sonne ermüdeten Lebewesen war dies ein wichtiger Erholungsort.

Nach einer kurzen Überlegung schloss mich meine Mutter von der Tätigkeit des Teppichwaschens aus, da sie die Temperatur des Wassers als zu kalt für meinen kindlichen Körper beurteilte. Vor lauter Enttäuschung und Entsetzen fing ich schluchzend an zu weinen. Es war ein jämmerlicher und elender Zustand, den ich nicht verbergen konnte. Die Frauen blickten erschrocken und verärgert auf mich herab. Mit solch einer heftigen Reaktion hatten sie wohl nicht gerechnet. Sie warfen mir einen mürrischen Blick zu und gingen wieder an die Arbeit. Einige der anwesenden Kinder, die auch von der Tätigkeit ausgeschlossen worden sind, suchten nach einer anderen Möglichkeit, um sich zu beschäftigen. Betrübt und gekränkt legte ich mich auf die unebene Erde und musterte die fleißigen, pflichtbewussten Frauen bei ihrer Beschäftigung.

Die Kinder fanden bei anderen Aktivitäten Ablenkung und wirkten dabei auch recht zufrieden. Meine Gegenwart nahmen sie nicht wahr. Jeder hatte eine Gemeinschaft und jeder hatte Vergnügen daran. Es vergingen einige Stunden, bis alle Frauen ihre Teppiche ausgewaschen hatten.

Die Begeisterung über die gelungene Aufgabe konnte man in ihren freudestrahlenden Gesichtern sehen. Ihre bunten, blumigen Pumphosen waren bis zum Knie durchnässt, was ihnen scheinbar nichts ausmachte. Mit hängendem Kopf und schlechter Laune ging ich ihnen unentschlossen nach. Auf dem Weg nach Hause ersann ich mir einen Plan, wie ich einen unserer Teppiche unbemerkt zum Brunnen schleifen würde.

Zu Hause angekommen, ging meine Mutter zu unserem Stall, um nach den Tieren zu schauen. Ich ergriff meine Chance, schnappte den kleinen Teppich im Flur und ging schadenfroh und belustigt meinen Weg zum Brunnen.

Der ersehnte Moment war gekommen. Den kleinen Teppich legte ich in den Brunnen und sprang mit beiden Beinen ins Wasser. Bis auf den Schlüpfer wurde ich nass. Meine Augen strahlten vor Glück und ich summte ein Lied nach dem anderen. Ja, das war mein Vergnügen und das war meine Seligkeit. Ich vergaß den kleinen Teppich und genoss das kalte, erfrischende Quellwasser auf meiner Haut. Ich war der lebendig tobende Sturm im Wasser. Verträumt schwebte ich hin und her, bis ich eine laute Stimme vernahm, die mich erschrak. Mit entsetztem und verängstigtem Blick bemerkte ich einen jungen Mann, der einen Militäranzug trug. Dieser Jemand, der sich später als mein Cousin herausstellen sollte, forderte mich auf, aus dem Wasser zu gehen. Seinen Aufruf verweigerte ich trotzig. Er hatte doch wohl kein Recht dazu.

Nach mehrmaliger Aufforderung gab er auf, schnappte meine Arme und riss mich aus dem Wasser. Ich schaute ihn wutentbrannt an und biss ihm in die Hand. Daraufhin griff er fester zu und seine Stimme wurde schriller. Da ich seine weitere Reaktion nicht einschätzen konnte, gab ich frustriert nach. Er trug mich auf seinen Schultern den steinigen Weg entlang zu unserem Dorf. Auf den Schultern meines Cousins sah ich in der Ferne einen verlassenen Esel und viele Brombeerhecken hinter den Felsen. Beim Anblick der schwarzen Früchte lief mir das Wasser im Munde zusammen. Plötzlich bemerkte ich meine Mutter, die sich uns näherte, hinter den Gebüschen. Sie musterte mich mit einem besorgten Blick und streckte ihre Arme aus, um nach mir zu greifen. Die Furcht, von meiner Mutter ausgeschimpft zu werden, stieg in mir empor, doch sie wirkte eher fürsorglich. Nach einem kurzen Austausch mit meinem Cousin nahm sie mich an der Hand und eilte angespannt und hektisch nach Hause. Ich fühlte mich in meiner Freiheit eingeschränkt, da mein Abenteuerdurst nicht vollständig gestillt worden war.

Auf dem Weg nach Hause drohte ich meiner Mutter, mir zur Strafe in die Hose zu pieseln. Darauf schaute sie mich vergnügt an und schmunzelte vor sich hin. Scheinbar nahm sie meine Bedrohung nicht ernst.

Ihr Grinsen wurde zu einem lauten Lachen, das sie nicht länger halten konnte. Beim Anblick ihres Gesichts spürte ich eine unaufhaltsame, rasende Energie, die sich in mir ausbreitete. Ich fühlte mich gekränkt und unverstanden.

Da ich diesen Zustand nicht länger aushalten konnte, pieselte ich mir trotzig und zornig in die Hose. Entsetzt und fassungslos sah mich meine Mutter an und sprach kein Wort mehr mit mir. Das war die erste Erfahrung, in der ich meinen Sturkopf durchgesetzt hatte.

Schon als Kind spielte Freiheit eine zentrale Rolle für meine Entwicklung. Ich hatte eine eigene Welt, die keiner ohne mein Einverständnis beitreten durfte. Meine persönlichen Fortschritte hatten dann Sinn, wenn ich ohne äußere Einflüsse meiner Neugierde nachgehen konnte. Meine Suche nach meinem verborgenen Kern war instinktiv die einzige Aufgabe, der ich nachging.

Hast Du Dich, lieber Leser, schon einmal nach Deinem wahren Kern gefragt? Oder, wie der Autor Michael Mary sagt: Bist du ein individueller oder eher gesellschaftlicher Mythos? Wie sehr sind wir abhängig von unserer Gesellschaft und konzentriert darauf, wie wir auf sie wirken?

Es wäre alles viel einfacher, wenn unser Bedürfnis nach Zugehörigkeit nicht übermächtig wäre. Doch die Notwendigkeit der sozialen Akzeptanz war schon bei unseren Vorfahren groß. Wer kann schon seinen schöpferischen Impulsen ungestört nachgehen und die Vorstellungen sowie Erwartungen der Gesellschaft ignorieren? Können Individuen harmonisch mit der Gesellschaft zusammenwirken oder fordert Individualität Opfer, so wie der Philosoph Arthur Schopenhauer sagte?

„Arm am Beutel, krank am Herzen."

Johann Wolfgang von Goethe

Früher in unserem Dorf in der Türkei wurde der Tag der Lehrer groß gefeiert. Noch heute hat der Lehrer einen unersetzbaren Status in den Herzen der Menschen. Einige Tage vorher wurden die Vorbereitungen für diesen besonderen Anlass getätigt. Die meisten Menschen lebten in Armut, doch sie gaben ihr Bestes, um leckere Speisen für die Lehrer zu servieren.

Die Zufriedenheit der Lehrer war ausschlaggebend für sie. Unsere Familie war eine der ärmsten im Dorf und deshalb hatten wir nicht viele Möglichkeiten, um den Lehrern eine köstliche Mahlzeit zuzubereiten. Zu diesem Zeitpunkt war auch mein Vater nicht zu Hause und musste über mehrere Monate in einer nahegelegenen Stadt arbeiten, um für unseren Lebensunterhalt zu sorgen. Meine Mutter schaute sich verzweifelt in der Küche um. Das Einzige, was sie fand, waren große Weizenkörner, die sie zum Kochen in den Topf gab. Enttäuscht sah ich ihr zu und ging hinaus, um mich abzulenken. Unterwegs sah ich eine Klassenkameradin, die stolz und freudig davon erzählte, wie sie mit ihrer Mutter viele Köstlichkeiten vorbereitet hatte. Vor Scham senkte ich meinen Kopf und schluckte meinen bitterlichen Gram herunter. Nach diesem frustrierenden Ereignis wagte ich nicht, weiterzulaufen und kehrte gekränkt zurück nach Hause.

Am nächsten Morgen packte uns die Mutter die gekochten, groben Weizenkörner in eine Tüte und gab uns zum Trost einen Kuss auf die Wange.

Mit jedem unserer Schritte, die sich der Schule näherten, fühlten wir den jämmerlichen Schmerz der Armut. Unser Herz sang ein Klagelied nach dem anderen. Unsere Füße fühlten sich wie Eisenstangen an, die uns den Gang erschwerten. Die Seele suchte die Flucht, doch die Pflicht rief nach uns. Schweren Herzens kamen wir an und öffneten das Klassenzimmer. Mit gebeugtem Kopf traten wir hinein. Wir warfen einen flüchtigen Blick auf die Speisen der anderen, die auf den Tischen platziert waren. Der Anblick traf mich mitten ins Herz. Viele kurdische Köstlichkeiten wurden serviert: Von Weinblätterfüllung bis zu Lammfleisch war alles dabei. Ich stellte unsere Weizenkörner hinter einen Topf, in der Hoffnung, dass sie unentdeckt blieben. Der Raum war mit Schülern überfüllt die neugierig auf die Lehrer warteten, die jeden Moment das Klassenzimmer betreten würden.

Nach einigen Minuten kamen sie nun alle freudig, um sich verwöhnen zu lassen. Die Schüler standen mit einem Male auf und begrüßten die Lehrer *respektvoll*. Jahre später stellte ich fest, dass es nicht der Respekt war, der das Handeln der Kinder leitete, sondern die Angst. Die Lehrer schauten sich nach den Köstlichkeiten um und genossen das Aroma, das sich im Raum entfaltet hatte. Die Wände waren mit Bildern von Atatürk beklebt. Ein Plakat mit den Jahreszeiten klebte neben der Tafel. Innerlich betete ich, dass dieser elende Moment ein Ende finden würde. Ich verdrückte mich auf die letzte Bank und schaute von dort aus zu, wie die Lehrer die Speisen genossen. Nach dieser besonderen Zeremonie, die sich einmal im Jahr ereignete, durften wir endlich nach Hause. Die Schüler nahmen ihre leeren Töpfe und weitere Behälter mit. Ängstlich und scheu suchte ich nach meinen Weizenkörnern. Da waren sie, unberührt und ungeöffnet. Ich schnappte schnell nach der Tüte und lief zur Tür hinaus.

Ich spürte einen enormen Impuls, wegzulaufen und nie wieder zurückzukehren. Ich rannte einfach davon und ignorierte die Blicke der Kinder, die mich verdutzt anschauten. Das Dorf wirkte viel verlassener als sonst. Hier und da hörte man Hühner gackern und Esel mit ihren *I-ah* beteiligten sich am Gesang. Die brütende Hitze schien alles Lebendige zu verschlucken. In der Ferne sah ich einen Hirten unter einem Baum sitzen. Seine Lämmer und Schafe folgten ihm und genossen ebenfalls den Schatten des Baums, um sich von der Hitze zu erholen. Das Ende des Dorfs war in Sicht, doch ich blieb nicht stehen. Mit jedem meiner Schritte bemerkte ich, wie sich der Kloß in meinem Hals löste.

Irgendwann gelang ich auf eine Ebene, wo die Erde unter meinen Füßen weiß wurde. Schweißgebadet und nach Atem ringend blieb ich stehen und schaute in den Himmel, der blau leuchtete. Dabei erblickte ich große Felsen über mir, die wie Wellen aussahen. Ich kletterte die Felsen hoch und lehnte mich gegen einen. In diesem Moment der Leere spürte ich die Fülle der Einsamkeit in all meinen Gliedern. Gleichzeitig bemerkte ich jedoch die strömende Kraft der Freiheit.

Wenn ich Dich fragen würde, lieber Leser, wie würdest du den Unterschied zwischen Einsamkeit und Freiheit beschreiben?

Der Moment der Klärung war gekommen. Nun konnte ich diesem unerträglichen Schmerz aus meiner Seele freien Lauf lassen. Ich weinte unaufhörlich. Die Natur wirkte verständnisvoll und sehr beruhigend. Während ich dabei war, Tränen aus meinem Gesicht zu wischen, bemerkte ich unter mir Ameisen, die auf meinen Füßen herumkrabbelten. Diese Geste nahm ich als Trost und Umarmung wahr. Plötzlich fielen mir meine Weizenkörner ein, die ich noch fest in der rechten Hand hielt. Ich öffnete freudig die Tüte und verteilte den Inhalt auf der Erde. Beim Anblick der Ameisen bemerkte ich meinen eigenen Hunger und aß auch einige Weizenkörner. Diese Tiere strahlten eine Faszination aus. Sie wirkten untereinander sehr friedlich und harmonisch. Dem Schein nach gab es bei ihnen kein Gegeneinander, sondern ein Miteinander.

„Diese Welt war nicht für mich; sie war für einen Haufen dreister Bettler, pedantischer, rauflustiger, skrupelloser, gieriger. Diese Welt wurde für sie gebaut. Für diejenigen, die den Mächtigen der Erde und des Himmels die Hände halten, die wissen, wie man schmeichelt. Sie sind wie hungrige Hunde, die vor einer Metzgerei mit dem Schwanz wedeln, um ein Stück Fleisch zu bekommen!"

Sâdık Hidâyet

Wie jeden Tag kurz vor Sonnenaufgang schlich ich mich leise aus dem Haus, um meinen täglichen Toilettengang unter freiem Himmel zu verrichten.

Die anderen Geschwister schliefen noch fest und waren im Land der Träume. Da die damaligen Umstände uns keine Toilette ermöglichten, blieb uns keine andere Wahl, als uns ein Plätzchen im Freien zu suchen. Es war ein nebeliger kalter Herbsttag und ich konnte den Weg kaum erkennen. Nur wenige Sterne schimmerten schwach am Himmel. Ich tastete mich langsam voran, um einen guten Platz zu finden. Das Gackern der Hühner im Dorf wurde zunehmend lauter. Plötzlich erschrak ich, als ich die Stimme des Nachbarskinds vernahm. Ich erstarrte, ohne zu wissen, was auf mich zukam. Das Nachbarskind näherte sich mir und sprach sehr zart und freundlich, was mich besänftigte. „Hey Fatma!", fing sie an zu reden. „Schön, dass du schon so früh wach bist. Ich kann dich heute gut gebrauchen!" Ich wusste zwar nicht, womit ich zu rechnen hatte, aber das Gefühl, gebraucht zu werden war gut für meinen Selbstwert.

Schließlich sagte ich zu ihr: „Gerne helfe ich dir. Um was genau geht es?"

„Das ist ja herrlich!", sagte das Mädchen nun freudig und redete weiter. „Meine Oma kommt heute Mittag und sie bringt Besuch mit. Da meine Eltern in die Stadt fahren werden, habe ich niemanden, der mir im Haushalt hilft. Zusammen schaffen wir das schnell und du darfst auch anschließend bei uns fernsehen!"

Da wir zu dem Zeitpunkt noch keinen Fernseher besaßen, war das ein attraktives Angebot, dem ich nicht widersprechen konnte.

Direkt nach dem Frühstück ging ich zu ihr nach Hause. Der Eingang war mit orientalischen bunten Teppichen bedeckt und der Geruch von gerösteten Kastanien stieg mir in die Nase.

Emine kam mir schon entgegen und musterte mich mit ihren neugierigen Röntgenaugen, bis sie mich schließlich freundlich begrüßte und mir den Putzlappen, den sie bereits in ihrer Hand hielt, reichte.

Ich putzte alles, was mir gesagt wurde und bemühte mich, alles richtig zu machen. Im Wohnzimmer entdeckte ich die Kastanien vom Vorabend auf dem Kaminofen, die schon beim Betreten des Hauses meinen Appetit anregten. Ich zögerte nicht lang und griff nach ihnen. Emine befand sich im Stall, um die Tiere zu füttern. Überraschend vernahm ich eine andere Stimme, die sich mir näherte. Schnell legte ich die Kastanien zurück und suchte nach dem Putzlappen, um meine Verlegenheit zu unterdrücken. Da standen sie nun alle. Die Oma mit ihrem Besuch und Emine. „Du musst jetzt nach Hause gehen, Fatma, das reicht schon für heute!", sagte Emine mit einem ernsten Ton. Sie hatte wohl ihr Versprechen mit dem Fernseher vergessen, dachte ich mir und spürte den Drang, sie daran zu erinnern. „Emine, wir wollten doch noch zusammen fernsehen!" „Nein, das geht heute nicht!", erwiderte sie bestimmend. Enttäuscht und traurig ging ich nach Hause.

Die darauffolgenden Tage verliefen nicht anders. Ich sollte ihr täglich beim Putzen helfen und danach versprach sie mir das Fernsehen als Anerkennung. Jeden Tag hielt sie mich mit einer anderen Ausrede davon ab. Da die Sehnsucht nach dem Fernsehen so stark war, ließ ich es über mich ergehen. An einem Tag sah ich, wie Emine meiner Schwester ein Bonbon überreichte. Beide schienen sehr belustigt und amüsiert zu sein. Ich spürte den Kloß in meinem Hals und die Tränen in den Augen. Sie bemerkte meine Anwesenheit schließlich und wandte sich mir zu. „Hey Fatma, bist du schon fertig? Hier, du darfst die Hälfte von meinem Bonbon nehmen!" Ich tat das und lief wimmernd nach Hause. Ich verstand die Welt nicht mehr. Wie konnte es sein, dass ich ihr die ganze Woche helfe, aber meine Schwester ein Bonbon bekam und ich nur die Hälfte – und das auch nur, weil sie mich bemerkt hatte. Mein naives Herz brannte wie Feuer und mein Verstand weigerte sich, den Augenblick wahrzunehmen. Es war eine tief schmerzhafte Enttäuschung, die mich zum ersten Mal, was Menschen anbelangt, zum Nachdenken gebracht hatte. Nichtsdestotrotz gelang es mir nicht, diese Enttäuschung als Wegweiser zu sehen. Vielmehr war ich darauf fokussiert, meine heile, verträumte Welt nicht zu zerstören. Ich war davon überzeugt, dass alles eines Tages einen Sinn ergeben würde.

Meine Liebe, meine Aufmerksamkeit und meine Sehnsucht nach dem Guten würden ihre tiefe Bedeutung finden.

Nichts hätte mich daran gehindert, diesen Glauben und diese ehrenvolle Aufgabe, die das Universum mir überreicht hatte, bis zum Ende zu tragen und darauf zu bauen. Egal, wie tief der Schmerz war, meine Überzeugung vom Guten war stärker. Natürlich stand im Hintergrund auch die Angst, was aus mir werden würde, wenn ich das Leben aus einer anderen Perspektive betrachten und den Menschen misstrauisch entgegenkommen würde. Unbewusst wollte ich meine Reinheit und Naivität um keinen Preis verlieren. Naivität ist die Jungfräulichkeit der Seele, genauso wie die Unschuld. Jeder Mensch ist von Natur aus naiv geboren, aber nur die Besonderen sterben auch damit.

„Wir sind Sklaven unseres Schweigens!"

Fatma Agva

Die Nacht verzog sich allmählich und der Lärm der Tiere im Dorf wurde zunehmend lauter. Heute war der letzte Schultag vor den langen Sommerferien. Da diese Zeit ganze drei Monate dauerte, war das für die Eltern ein Anlass, ihre Kinder als Helfer mit auf die Felder, Äcker und Weinberge zu nehmen. Mir bereitete Baumwolle pflücken und Kichererbsen ernten große Freude. Den Sommer zuvor wurden wir mitten im Feld von starkem Regen und Sturm überrascht. Meine Mutter sammelte uns ein und wir liefen zu unserer kleinen Hütte, die nicht weit entfernt vom Feld stand. Es schüttete wie aus Eimern und donnerte unaufhörlich. Für diese Jahreszeit war der Regen sehr ungewöhnlich. Aus der Ferne hörte man das Geschrei der Wildziegen und Damhirsche. In der Hütte angekommen, setzten wir uns ganz eng aneinander und beobachteten den Regen, der die Natur zum Leben erweckte.

Nach einer kurzen Zeit strahlte die Sonne erneut ihre Wärme aus und der Sommer sang sein Lied über Bäche, Felder, Berge und Quellwasser. Da es schon mittags war, breitete meine Mutter ein Tischtuch aus, um unser mitgebrachtes Essen zu servieren. Sie nahm den Kupferteller aus dem Beutel und füllte ihn mit frischem Joghurt. Hinzu kamen Tomaten und Zwiebeln, die sie schon vorab geschält und geschnitten hatte. Anschließend holte sie ihr selbstgebackenes Brot aus dem Baumwollbeutel und verteilte es auf dem Tisch. Es war so ein behaglicher, intensiver schöner Moment meiner Kindheit, den ich mir immer wieder in

Erinnerung rufe, um ihn nicht zu vergessen. Rückblickend sehe ich diesen Tag als den schönsten meines Lebens.

Ich sortierte meine Gedanken und gähnte lauthals. In der Küche roch es nach frisch gebackenem Brot und Eiern. Meine Mutter rief nach uns Kindern.

Ich döste noch einen kurzen Moment, bevor ich aus dem Bett sprang und meine Lieblingshose anzog. Noch heute kann ich mich an diese braune Hose mit beigem Streifen gut erinnern. Ich teilte sie mit meiner Schwester. Darüber trug ich meine schwarze Schuluniform, deren Kragen weiß war. Nach dem Frühstück eilte ich mit meiner Schwester zur Schule, um die tägliche Eidzeremonie für Atatürk nicht zu verpassen. Wir Kinder mussten vor dem Betreten der Schulgebäude gemeinsam mit den Lehrern einen Eid ablegen. So wurde es uns als pflichtbewusste Bürger beigebracht.

In der Schule ging es hauptsächlich um Atatürk, sein Leben, seine Vorhaben und seine Siege. Er war ein fester Bestandteil der Schulbildung. *Kein Mensch hatte das Recht, je an ihm zu zweifeln, geschweige denn ihn zu kritisieren. Unsere Pflicht war es, ihn zu vergöttern, ihm zu dienen und ihn als Vorbild zu nehmen. So wurden aus Kindern Erwachsene, denen das Nachdenken, Forschen und Hinterfragen verboten worden war.*

An diesem schönen Sommertag duftete alles nach Thymian. Ein sanfter Wind trug diesen verführenden Geruch von einer Ebene zur nächsten.

Als wir ankamen, standen die meisten Schüler schon zusammen und warteten auf ein Zeichen des Lehrers. Wir schlichen uns in die hinterste Ecke, um bloß nicht aufzufallen. Eine Mitschülerin bemerkte unsere Anwesenheit und rückte weiter, um uns etwas Platz zu gewähren. Damals bekam ich Gänsehaut bei der Eidzeremonie und spürte den Stolz in all meinen Gliedern. Es war ein sinnlich göttlicher Moment, der die Welt für fünf Minuten zum Stillstand brachte. Die Gedichte von Atatürk habe ich an Festtagen mit Vergnügen vorgetragen.

Nach der ersten Stunde kam der Rektor mit einem Buch in der Hand ins Klassenzimmer. Er begrüßte uns vergnügt und schilderte sein Vorhaben. Jeder Schüller sollte eine Seite von diesem Literaturbuch vorlesen. Am Ende würde der Sieger bekannt gegeben.

Beim Zuhören packte mich das Feuer der Leidenschaft, mein Herz raste und die Lust auf das Lesen strahlte in meinen ganzen Körper aus. Neugierig, gespannt und grinsend schaute ich den Rektor an, um ihn meine Freude zu vermitteln. Mich faszinierte Lesen schon immer sehr, da es meinen Tag versüßte und mich ins Land der Träume brachte. Was ich in der äußeren Welt nicht bekam, gaben mir meine Bücher. So sagte auch der Dichter Heinrich Heine dieses Zitat, das meiner Anschauung wahrhaftig gleicht: „Von allen Welten, die der Mensch erschaffen hat, ist die der Bücher die gewaltigste."

Der Rektor begann mit der linken Reihe und gab das Buch Hatice in die Hand. Ich befand mich in der mittleren Reihe und zählte die Schüler, die noch vor mir waren. Vor Aufregung bebten mir die Knie und die Hände flatterten. Es verging eine halbe Stunde, bis ich endlich drankam.

Ich nahm behutsam das Buch in die Hände und begann laut zu lesen. Beim Lesen setzte sich eine Energie frei, die mich entspannte.

Danach gab ich das Buch an die nächste Schülerin weiter und spürte eine sanfte Erleichterung.

Nun warteten alle gespannt auf die Beurteilung des Rektors.

Er lief ein letztes Mal nachdenklich durch den Klassenraum, bevor er sich an die Kante des Tischs lehnte und mit seiner Rede begann. „Ihr wart alle großartig, aber eine hat es besser gemacht und das ist Fatma." Er schaute mich amüsiert an und sprach weiter: „Herzlichen Glückwunsch, Fatma, das war super." Ich grinste bis zu den Ohren.

Eine Weile blieb alles still, dann ergriff der Rektor erneut das Wort: „Nun, jetzt könnt ihr erstmal in die Pause gehen!"

Die Schüler stürmten auf den Schulhof und ich lief ihnen in einem wahren Freudentaumel nach. Das Kreischen der Schüler wurde zunehmend lauter. Hasan, der Hinkende, warf mir einen spöttischen Blick zu und schubste mich zur Seite. Das erfüllte mich mit Furcht und Schrecken.

Die Pausenaufsicht stand in der Ecke des Schulhofs und rauchte genüsslich eine Zigarette. Ich setzte mich zur Elif, um meine Sultaninen zu essen, die ich in der Uniformtasche trug. Elif wirkte genervt, stand auf und ging weg. Daraufhin wandte ich mich Ali und Ayse zu, um mit ihnen zusammen Seil zu springen. „Wir sind schon genug, geh woanders hin!", sagte Ali. Egal, wohin ich mich wandte, stets erfuhr ich Desinteresse. Die Schüler ignorierten meine Anwesenheit. Diese Erfahrung fühlte sich sehr schmerzhaft an, doch sie sollte mich noch viele weitere Jahre begleiten. Das Gefühl, anders zu sein, begleitete mich mein Leben lang und ich fühlte mich nie zugehörig. Diese Erfahrungen haben tiefe Narben in meinem Herzen hinterlassen. Viele herabwürdigende Blicke erreichten meine Seele. Die Welt sah den inneren Vulkan nicht. Ich brannte förmlich vor Schmerz, doch ich schwieg.

Wer solch schmerzhafte Erfahrungen in seiner Kindheit macht, denkt irgendwann selbst, er sei nicht in Ordnung oder mit ihm stimmt etwas nicht.

Selbstzweifel und Angst bestimmen dann unseren Alltag und diese Unsicherheit strahlen wir auch aus. Die Angst vor Ablehnung wird so groß, dass wir uns kaum trauen, unsere Meinung zu vertreten und ggf. Kritik am Gegenüber zu üben. Wir lernen, uns von unserer eigenen Überzeugung zu distanzieren, um kein schlechtes Gewissen zu haben. Menschen, die ihre Bedürfnisse nach hinten stellen, werden z. B. für Narzissten eine leichte Beute. Diese haben eine gewaltige Macht, Menschen zu manipulieren, die nicht mehr an sich selbst glauben.

Je unachtsamer und liebloser wir mit uns umgehen, umso mehr wird es auch unsere Umgebung tun. Unseren Wert bestimmen wir in diesem Sinne selbst. Als Kind konnte ich das nicht wissen und nahm die ersten Erfahrungen als Leitfaden meines weiteren Lebens. Ich lernte, meinen Schmerz herunterzuschlucken, um voranzukommen. Doch jedes Mal, wenn ich ihn nicht verarbeiten konnte, ging in mir etwas kaputt. Somit wurde ich zum Sklaven meines Schweigens. Es hat viele Jahre gedauert, das Schweigen zu brechen. Ein Ventil war notwendig, um die Spannungen und Blockaden zu lösen.

Da ich niemanden hatte, der mir wirklich aufrichtig zuhörte und verstand, was ich sagte, fing ich an zu schreiben. Dadurch entdeckte ich eine Seite an mir, die mir einen anderen Zugang zu mir selbst erlaubte. Nach meiner Ansicht ist jedes Gefühl sowohl in der Seele als auch im Körper geladene Energie. Keinem Menschen kann es gelingen, Emotionen für immer zu ignorieren.

Die Seele und der Körper geben immer eine Antwort auf die gestaute Energie. Bei den einen zeigt er sich als Krebs, bei den nächsten als Herzinfarkt. Dann gibt es Menschen, die eine psychische Erkrankung davontragen und ein Leben lang darin gefangen sind.

Energie ist da, um zu fließen. Blockierte Energie findet immer einen Weg zu fließen, auch wenn wir dadurch Schaden nehmen.

Wenn wir die Welt mit schmerzvollen Augen betrachten, werden wir immer Menschen anziehen, die genau diese Schmerzen verursachen. Wenn ich glaube, ich bin nichts wert, dann begegne ich Menschen, die mir dieses Gefühl vermitteln. Wenn ich das Gefühl habe, ich muss immer um etwas kämpfen, um es zu verdienen, werde ich auch immer in Situationen geraten, die dies erfordern.

Wenn ich von Anfang an der Ansicht bin, dass ein anderer das besser kann, werde ich auch diesen Glaubenssatz real werden lassen. Das Leben ist ein Senden und Empfangen. Was möchtest du geben und was willst du bekommen? Wenn ich Unsicherheit sende, werden das die anderen auch empfangen. Möchte ich Liebe in mein Leben holen, so muss ich erst einmal lernen, mich selbst zu lieben. Du kannst in der Außenwelt nichts finden, was in dir nicht bereits existiert.

Wir schaffen unsere Zukunft bewusst oder unbewusst durch Gedanken. Vielleicht wird unser Leben in diesem Moment von universellen Kräften geleitet und wir wissen davon nichts. Aber wir können die Realität aktiv in jedem Augenblick unseres Lebens gestalten. Wenn wir die Kraft der Anziehung in unserem Leben nutzen, lernen wir auch, unsere Gedanken und Handlungen zu lenken. So können wir mühelos das anziehen, was wir möchten.

Denn Gleiches zieht Gleiches an. Wenn wir uns aufgeregt, enthusiastisch, leidenschaftlich, glücklich, fröhlich, dankbar oder reich fühlen, senden wir auch positive Energie an das Universum.

Diese Energie wird wiederum Menschen, Ressourcen und Möglichkeiten anziehen, die auf derselben energetischen Wellenlänge liegen. Optimismus, den wir mühelos in unseren Lebensweg einbringen können, wird es uns ermöglichen, unsere Ziele zu erreichen.

Wenn wir uns jedoch gelangweilt, besorgt, gestresst, wütend, verärgert oder traurig fühlen, senden wir negative Energie aus. Dies wird pessimistische Menschen und Ereignisse in das eigene Leben bringen.

Das wirksamste Gesetz der Anziehung ist es, das eigene Leben zu beherrschen. Ist es möglich, alle Wünsche durch das Senden einer Nachricht an das Universum zu erfüllen?

Negative Glaubenssätze aus unserer Kindheit besitzen eine enorme Energie, die uns lahmlegen kann. Sie vermitteln uns etwa das Gefühl: „Verlass dich darauf und lass dich von den Überzeugungen leiten!" Gewohnheiten sind erlernte Muster, die sich im Gehirn gefestigt haben. Sie erleichtern uns den Alltag und Vertrautheit entsteht.

Da wir Gewohnheitstiere sind, greifen wir gerne auf unsere Erfahrungen zurück, um uns Umwege zu ersparen.

Alles, was vertraut wirkt, gibt uns ein Gefühl von Sicherheit. Die gute Nachricht ist: Wir können negative Gedanken in positive umwandeln, indem wir uns neue Gewohnheiten aneignen und die alten ablegen. Das ist ein hartes Training, das geübt und gelebt werden muss. Der erste Schritt dorthin ist Selbsterkenntnis.

„Was wäre, wenn ich dir sagen würde, dass es für dich ein Leben gibt, indem du all die fabelhaften Dinge tun könntest, die du dir wünschst?", fragte Becki Rabin. Im ersten Moment hört sich das wie ein dummes Versprechen an. Doch wenn wir unser Unterbewusstsein genauer betrachten, bemerken wir, dass unsere Neigung zur Negativität daraus gespeist wird. **Viele unserer Reaktionen werden von unserem Unterbewusstsein gesteuert. Seit unserer Geburt speichert unser Gehirn**

Erfahrungen, Eindrücke und Gefühle, die es in Schubladen einordnet. Die ersten Eindrücke in unserer Kindheit formen und bestimmen unser Verhalten. Wir glauben, bewusst Entscheidungen zu treffen, dabei tut das unser Unterbewusstsein. Es ist unser inneres Navi, das darauf programmiert ist, uns sicher durchs Leben zu tragen, ohne ein Risiko einzugehen. Erlernte und wiederholte Muster lenken unser Leben auf allen Ebenen. Wenn wir uns von Ängsten, Minderwertigkeitskomplexen und Selbstzweifeln befreien wollen, müssen wir herausfinden, durch welche Überzeugungen unser Unterbewusstsein diese gespeichert hat. Wenn wir die Wurzel des Übels erkennen, können wir auch daran arbeiten, sie zu ändern und unsere Realität bewusst zu beeinflussen.

Vor Jahren habe ich mir einen Satz erdacht, den ich auch dir ans Herz legen möchte: **„Für mich ist ein bewusstes und selbstbestimmtes Leben unabdingbar".**

Bewusst zu leben, heißt achtsam und aufmerksam den Moment wahrnehmen, auf die innere Stimme hören und die eigenen Bedürfnisse stillen.

Ein bewusstes Leben, das transformiert werden will, bringt eine Entscheidung mit sich. Willst du ein Leben, das von innen nach außen strahlt oder von außen nach innen? Bewusstsein ist eine Klarheit über das, was wir möchten oder eben nicht.

Jede Entscheidung, die Du triffst, bringt ein Opfer und wenn Du selbst kein Opfer bleiben willst, musst Du das opfern, was Dich zum Opfer macht.

Das beste Fundament für Selbstbestimmung ist die Selbstakzeptanz. Selbstbestimmtheit erfordert Autonomie.

Wer ein selbstbestimmtes Leben führen will, muss seine Werte, Stärken, Schwächen, Wünsche und Bedürfnisse kennen und darauf bauen, um ein erfülltes Leben zu führen. Die Liebe zu sich kann damit einhergehen.

Wenn wir bewusst und bestimmt leben, können wir unser Leben selbst lenken. Andernfalls werden wir durch äußere Einflüsse gelenkt und wissen nicht, was uns wirklich fehlt. Nur mutige Menschen wagen es, ihr Leben selbst in die Hand zu nehmen, alle anderen berufen sich auf die Bequemlichkeit, in der sie sich seit Jahrzehnten befinden. Das gibt ihnen ein Gefühl von Schutz, Geborgenheit und Vertrautheit. Die Komfortzone zu verlassen, scheint unbekannt und angsteinflößend. So bleiben die meisten Menschen in ihrem alten Trott und wagen es nicht, auszuscheren. **Solange wir unsere Komfortzone nicht erweitern, bleiben wir Gefangene unserer Angst.**

Wenn wir an unsere ersten Lebensjahre zurückdenken, werden wir feststellen, wie neugierig das Kind in uns war. Es wollte entdecken und bestaunen, neue Erfahrungen sammeln, sich auf eine neue Reise begeben. Die Angst blieb im Hintergrund. Die Lust, das Leben kennenzulernen, war viel mächtiger. Mit den Jahren wurden uns Grenzen und Verbote gezeigt. **Wir lernten zu gehorchen, anstatt zu forschen.** Irgendwann wurden aus Gewohnheiten Bequemlichkeiten, die uns ein Gefühl der Sicherheit gaben. Somit lernten wir weniger zu riskieren, da wir Angst bekamen zu versagen.

Wie sagte noch Friedrich Nietzsche in seinem Buch Morgenröte: „Die Schlange, welche sich nicht häuten kann, geht zugrunde. Ebenso die Geister, welche man verhindert ihre Meinung zu wechseln; sie hören auf, Geist zu sein."

Dasselbe gilt für Menschen, die schmerzhafte Dinge erfahren haben; die das Gefühl haben, nicht gut genug zu sein; die Gefangene ihrer Vergangenheit sind.

Wenn wir es nicht wagen, den ersten Schritt zur Heilung zu machen, werden wir nie erfahren, was in uns schlummert und nur darauf wartet, entdeckt und gelebt zu werden. Wenn wir diesen Weg der Heilung nicht angehen, werden wir nie wissen, wie es ist, aufrichtig geliebt zu werden. Die Heilung beginnt mit dem ersten Schritt und sie öffnet uns neue Türen, die wir sonst nie betreten hätten. Wer diesen Weg geht, wird sich selbst auf einer anderen Ebene begegnen und sich seiner Werte klarer werden.

Heilung bedeutet auch Loslassen und Abschied nehmen, manchmal auch von Menschen, die einem nah stehen. Jemandem zu verzeihen ist auch ein wichtiger Schritt zu Heilung. **Ver-**

zeihen bedeutet nicht, die Ereignisse gutzureden oder zu verharmlosen, sie bedeutet vielmehr, aus der Opferin die Schöpferrolle zu wechseln. Verzeihen bedeutet auch, sich selbst eine neue Chance zu geben und das Leben aus einer anderen Perspektive zu betrachten. Wie oben geschildert, ist jedes Gefühl Energie. Nicht verzeihen zu können, bedeutet auch immer, im Krieg mit der Vergangenheit zu stehen. Dadurch verpasst man möglicherweise die Gegenwart und die Zukunft.

Wenn Du die Wut gegenüber einer Person jahrelang frisch hältst, um bloß nicht zu vergessen, was er/sie getan hat, schadest du nur dir selbst. Du bestrafst dich dafür, was ein anderer dir getan hat. Was mir in dieser Phase des Loslassens gutgetan hat, war die Natur. Dort habe ich nach Antworten gesucht, bis ich verstanden habe, dass die Natur die Antwort war. Seitdem bin ich regelmäßig im Wald und genieße die Stille und die Fülle, die er mir gibt. Ein Zitat von Marcel Proust ist an dieser Stelle sehr passend: „Loslassen – Setz dich an einen Bach und sei einfach da. Das Lied des Wassers wird deine Sorgen aufnehmen und sie hinab zum Meer tragen."

Heilung bedeutet, für sich Raum zu schaffen. Das Geschehene können wir nicht ungeschehen machen, aber wir können uns anders erleben. Dazu möchte ich dir eine Geschichte erzählen:

Stellen wir uns vor, wir besitzen einen Garten und wir wagen ein Experiment. Wir pflanzen zwei Walnussbäume dicht nebeneinander und wir widmen unsere ganze Aufmerksamkeit und Liebe nur einem Baum. Wir gießen ihn, graben immer wieder die Erde um und geben ihm all die Vitamine, die er braucht. Nach einer Zeit werden wir merken, dass der eine Baum, dem wir unsere Aufmerksamkeit geschenkt haben, größer wird und sich immer mehr ausweitet. Der andere Baum versucht, aus seinen Kräften und Reserven heraus zu wachsen, aber weit bringt er es nicht.

Somit bleibt er immer im Schatten des anderen Baumes. Wir sind keine Bäume, wir können woanders hin. **Solange wir im Schatten sind, sind wir kein Licht für andere. Eine Person, die es gewohnt ist, im Schatten anderer zu leben,**

fürchtet sich auch vor ihrem eigenen Licht. Wenn wir uns selbst Liebe und Aufmerksamkeit schenken und daraus Kraft schöpfen, haben wir den ersten Schritt zur Heilung gemacht.

Sich Liebe zu geben, erfordert den Mut, dahin zu gelangen, wo alles angefangen hat. Nimm dein inneres Kind an die Hand und begleite es in die Heimat. Hör genau hin, was es dir zu sagen hat und fühle die Sehnsucht in ihm. **Dein inneres Kind wird so lange schreien und Dir im Weg stehen, bis Du Dich ihm widmest und all das gibst, was es sich gewünscht hat.**

Wenn Du Deinen Platz im Leben mit jeder neuen positiven Erfahrung zum Leuchten bringst, wirst du auch den Unterschied zwischen Licht und Schatten spüren. Wer so einen wichtigen Prozess durchlebt, wird nie mehr im Schatten eines anderen Menschen stehen können.

Du wirst eine andere Version von Dir erleben, die Lust darauf hat, sich zu zeigen und zu öffnen. Die Schildkröte in Dir, die sich aus Angst vor Abneigung immer wieder zusammengezogen hat, wird Dir die Führung überlassen. Mit jedem weiteren Schritt lernst Du neue, verborgene Seiten an dir kennen, die nur darauf gewartet haben zu erblühen. Wenn Du Frieden mit Dir und Deiner Vergangenheit schließen kannst, wirst Du frei sein. Fürchte Dich vor der Freiheit nicht, auch wenn sie Dir fremd und unbekannt kommt.

Du wirst Dich an diese Leichtigkeit gewöhnen und Lust auf das Ungewisse im Leben haben. Die Schöpferin in Dir wird geboren und Du wirst der Kapitän Deines Lebens.

„Wer Unrecht lange geschehen lässt,
bahnt dem nächsten den Weg."

Willy Brandt

Als ich in der siebten Klasse war, sollten alle Schüler einen zwei-wöchigen Praktikumsplatz finden, um erste Eindrücke von der Arbeitswelt zu bekommen.

Meine damalige Lehrerin entschied für mich und gab mir die Adresse einer Behindertenwerkstatt. Mit dem Begriff konnte ich nichts anfangen, da ich davon noch nie zuvor gehört hatte.

Ich steckte gehorsam die Adresse in meine Schultasche und hörte der Lehrerin aufmerksam zu.

Es war ein feuchter, nebeliger Morgen, der die Stadt ver-deckte und alles zum Stillstand brachte, als ich mich auf den Weg machte. Mit der Adresse in der Hand suchte ich die Behin-dertenwerkstatt, die sich im nächsten Dorf befand. Aufgeregt und neugierig näherte ich mich der Adresse und musterte da-bei die Häuser.

Endlich kam ich an und stand vor einer hell erleuchteten Werkstatt. Ich öffnete die Tür und beobachtete beängstigt die Menschen um mich herum. Bevor ich mich entschloss, wieder zu gehen, um die Adresse erneut zu überprüfen, kam der Werk-stattleiter auf mich zu und begrüßte mich freundlich. Er drückte mir die Hand und sagte, dass er schon auf mich gewartet hätte.

An diesen Tag kann ich mich genau erinnern, weil er mich lähmte und handlungsunfähig machte. Ich fühlte mich ohnmäch-tig. Wie immer schluckte ich den Schmerz herunter, um alles über mich ergehen zu lassen. Das Gefühl von Wut und Erbitterung steckte mir im Hals. Das Atmen fiel mir zunehmend schwerer und mein Körper fühlte sich an wie Blei, das sich kaum regte.

Der Werkstattleiter führte mich zu einer Gruppe Menschen mit geistigen Behinderungen. Sie sortierten Schrauben. Er setzte mich zu ihnen und stellte mich ihnen vor. Was vor sich ging, konnte ich nicht realisieren, was mir den Arbeitsbeginn erschwerte. Ich spürte meinen Körper nicht und wirkte auch von außen wahrscheinlich wie eine Statur.

Ich kann mich nicht genau daran erinnern, wie diese zwei Wochen verliefen, aber die ersten fünf Minuten weiß ich noch heute. Wenn ein Mensch von Kind an lernt, mit seinem Schicksal allein zurechtzukommen und keine Unterstützung von außen erhält, beginnt er, das Geschehene unverarbeitet herunterzuschlucken. Ein Trauma entsteht und somit die Blockade der Selbstverwirklichung. Ein Trauma ist geladene Energie, die sich in unserem Kreislauf der Gefühle immer wieder negativ bemerkbar macht. Es beeinflusst unser Handeln, unser Denken und unsere Wahrnehmung. Diese innere Unausgeglichenheit zeigt sich in unserer Entwicklung und unseren zwischenmenschlichen Beziehungen. **Wir lassen uns von außen führen, anstatt dass unsere innere Stimme uns leitet. Das Urvertrauen geht somit Stück für Stück verloren und in uns entsteht Unsicherheit gegenüber uns selbst.**

Mit diesem Teil meiner Geschichte will ich Menschen mit Behinderungen nicht zu nah treten. Ich weiß, wie sie die Gesellschaft schon als Kinder ausgrenzt. In meiner Kindheit war ich auch sehr oft krank, was zur Folge hatte, dass ich nur bemitleidende Blicke erntete, die mich mitten im Herz trafen. Diese prägenden Erlebnisse hinterlassen ihre Spuren, die sich in unseren Beziehungen widerspiegeln. In meiner Geschichte geht es lediglich darum, wie die Ansprüche eines normal intelligenten Mädchens nicht erfüllt werden konnten.

Diese Frage beschäftigte mich Jahre und ich fand keine Antwort darauf. Das Einzige, was ich empfand, war Wut und Hass gegenüber meiner Lehrerin. Das Gefühl: *Du bist nicht gut genug* verstärkte sich immer mehr in meinem Bewusstsein. **Die Men-**

schen in meiner Umgebung sahen diesen wunden Punkt in mir und nährten daran ihr Ego.

Wenn ich an diese Jahre zurückdenke, sehe ich ein tapferes Mädchen, dass der Familie nicht zu Last fallen wollte. Ich sehe aber auch eine gebrochene Seele, die sich sehnlichst gewünscht hat, verstanden und geliebt zu werden.

So gern würde ich ihr jetzt sagen: „Es tut mir leid, dass du so viel Schmerz allein ertragen musstest und keiner für dich da war. Du hast alles aus eigener Kraft bewältigt, um niemanden zu beunruhigen. Das Wohlergehen der anderen war immer vorrangig. Früh genug musstest du lernen, deine Probleme selbst zu lösen.

Du hast es nicht als dein Recht gesehen, deine Gefühle zu äußern und zu deinen Bedürfnissen zu stehen. Es war niemand da, der dich daran erinnert hat, wie wundervoll du bist. **Du warst der Außenwelt ausgeliefert und hast dich unbewusst für das Verhalten anderer bestraft.** Da du immer wieder am Rande der Verzweiflung warst, hast du dir in deinen Tagträumen eine schöne Welt geschaffen. Diese heile Innenwelt gab dir ein Gefühl von Geborgenheit und Liebe, die du außen nicht spüren konntest.

Jetzt brauchst du diesen Schmerz nicht mehr allein zu tragen. Ich bin für dich da und werde dir all das geben, was du dir gewünscht hast. **Deine unerfüllten Sehnsüchte, deine nicht gesprochenen Worte und deine verwundete Seele werden bei mir Heimat finden.**

Du musst nicht mehr alles allein in dir tragen. Du darfst fließen lassen, was fließen will. Jetzt verstehe ich auch den Druck auf meiner Brust, der sich immer wieder bemerkbar macht, wenn ich mich nicht wohlfühle. Da steckst du mit all deinen Wunden und Ängsten. Du willst mich vor weiteren Verletzungen beschützen. Wenn ich genauer hinhöre, nehme ich diesen Satz von dir wahr: Du dachtest immer, ich will mich mit dir streiten, dabei habe ich nur versucht, dir meine Gefühle zu zeigen.

Jahrelang bin ich vor dir weggelaufen. Ich wollte deinen Schmerz nicht noch einmal erfahren. Deine Ängste, Verzweiflung, Einsamkeit, Wut und Eifersucht haben meine Furcht erregt. Anstatt sie wahrzunehmen und mich ihr widmen, habe ich sie ignoriert. **Ich wollte dich mit deinem Schmerz allein lassen, wie es auch alle anderen getan haben.**

Das Gefühl, mich wieder mit dir zu identifizieren, erschrak mich, da ich nicht mehr das verlassene Mädchen sein wollte, das jeder missachtete. Je mehr ich mich von dir abgrenzte, umso mehr standest du mir im Weg.

Daraufhin entschied ich mich, meine ganze Aufmerksamkeit dir zu widmen, um zu verstehen, was in dir vorgeht. Seitdem ich diese Verbindung zu dir habe, spüre ich die Dankbarkeit und Erleichterung in deinem Kinderherzen.

Dein erwachsener Teil ist ab jetzt für dich da und gibt dir dein Urvertrauen zurück, das du auf diesem Weg verloren hast. Du wurdest mutiger und zugänglicher als je zuvor. Mit jedem deiner Schritte bekamst du die Lust zum Leben. Es gab auch Momente der Ungewissheit, da du mit der neuen Seite an dir nicht vertraut warst, aber die Freude, sich auf einer anderen Ebene zu begegnen, war viel überzeugender.

Deine neuen Erfahrungen wurden zu deinem neuen Ufer und du wusstest, der Anker ist in deiner Hand. Heute führe ich eine gute Beziehung zu dir und spüre die warmen Strömungen der Heilung in all meinen Gliedern.

Ja, liebes Kind; dank dir habe ich eine starke Empathie gegenüber anderen Menschen. Ich fühle, wenn sie leiden. Ich spüre ihren Schmerz, wenn sie Abneigung erfahren. Dank dir habe ich diese große Gabe, die mir mein Mitgefühl zu meinem Mitmenschen erleichtert.

Dank dir sehe ich die Welt mit anderen Augen und bemerke erst jetzt, wie einzigartig und ausgesucht du warst."

Der Dialog mit meinem inneren Kind:

Zwei Stimmen flüstern mir ins Ohr.

Die eine Stimme motiviert mich, die andere kritisiert mich.

Eines Tages stellte die motivierende Stimme der kritisierenden diese Frage.

„Was willst du von mir, warum stehst du mir im Weg?"

So antwortete die andere Stimme:

„Ich möchte dich beschützen."

Daraufhin wurde die motivierende Stimme wütend und sagte: „Du erschwerst mir meinen Weg, das ist ein Hindernis und kein Schutz!"

„Du denkst, du wirst frei sein, wenn ich dich gehen lasse, du denkst, du wirst geliebt, aber das ist nicht der Fall, du lässt dich wieder verletzen", erwiderte die kritische Stimme.

„Du bist diejenige, die mir wehtut", sprach die motivierende Stimme hastig, „du versperrst mir den Weg, du hinderst mich am Wachsen, ich will mich nicht wie eine Schildkröte verschließen."

„Weißt du, wie sich Schildkröten vor ihren Feinden schützen?", fragte die kritische Stimme.

„Ich will gesehen werden, nicht geschützt", schrie die motivierende Stimme.

„Was geschah, als die Erstklässler auftauchten? Sie haben dich zermalmt, sie haben deine reine Herangehensweise an die Menschheit in tausend Stücke zerbrochen", sprach die kritische Stimme lauthals.

„Aber ich kann nicht immer auf meine alten Erfahrungen zurückgreifen. Du beschützt mich nicht, du bestrafst mich für alles, was passiert ist", sprach die motivierende Stimme weinend.

„Ich will nicht, dass du verletzt wirst. Dein Herz brennt, wer außer mir kann dieses Feuer löschen?", erwiderte die kritisierende Stimme wimmernd.

„Du löschst nicht, du wirfst Holz, aber ich will nicht brennen, ich will aus meiner Asche geboren werden, ich will sprießen", sagte die motivierende Stimme bestimmt.

„Ich möchte dir so gerne glauben, aber meine Erfahrungen machen mir Angst", sagte die kritisierende Stimme traurig.

„Darf ich deine Hand halten und dich auf dieser Reise begleiten? Aber sei nicht laut, beobachte das Geschehen wie ein Zuschauer, okay?", strömte es aus der motivierenden Stimme.

„Das wird schwer, aber dir zuliebe werde ich es versuchen", erwiderte die kritisierende Stimme.

„Du willst mein Wohlergehen, keine Frage, du willst mich beschützen, weil du das zu deiner Aufgabe gemacht hast, aber ich brauche das nicht mehr. Vertraue mir und gib mir die Möglichkeit, das Leben aus einer anderen Perspektive zu sehen", sprach die motivierende Stimme bestimmt.

„Okay, lass mich glauben und ich gebe mich dir hin", sprach die kritisierende Stimme besonnen.

Wir können Groll hegen, nachtragend sein, uns selbst bestrafen für das, was wir durchgemacht haben, aber wir wählen einen anderen Weg. **DEN WEG DER LIEBE.**

Lieber Leser, wie oft sprudeln die Argumente des inneren Kritikers in Dir? Wie oft schenkst Du dem inneren Kritiker Achtung und lässt ihn die Führung übernehmen?

Der innere Kritiker stellt zu hohe Ansprüche, die nicht erfüllt werden können. Seine eigentliche Aufgabe ist es, uns vor unangenehmen Situationen zu beschützen. Der Kritiker selbst ist nicht im Stande, eine gesunde Basis zu erschaffen und richtet sich nur danach, das Kind in dir zu schützen. Bestimmte Glaubenssätze haben diesen Kritiker zum Wachsen gebracht und irgendwann fühlten wir uns ihm ausgeliefert.

Erinnere dich jetzt bewusst an einen Moment, in dem du den Kritiker wahrgenommen hast. Was war seine Botschaft und mit welchen Sätzen wollte er deine Willenskraft brechen?

Du kannst ihn erst einmal annehmen und seine Sätze auf ein Blatt Papier schreiben. Zum Beispiel könnte er gesagt haben: „Du kriegst es sowieso nicht hin, das Buch fertigzustellen!"

Überlege jetzt, welcher negative Glaubenssatz dahinterstecken könnte: „Egal, wie sehr ich mich bemühe, ich komme nicht voran!" Mit welchen positiven Glaubenssätzen könnten wir dem Kritiker entgegentreten?

Vielleicht könnte das so klingen: „Es muss nicht immer alles perfekt laufen, trotzdem bin ich gut genug!"

Die meisten *inneren Kritiker* wurden von anderen Menschen an uns übertragen. Durch deren Äußerungen haben wir uns ein Bild unserer eigenen Identität gemacht.

Du kannst das Verhalten anderer nicht beeinflussen, aber wie Du darauf reagierst, schon. Wie viel Gewicht geben wir Menschen, die mit uns schlecht umgehen? Solange wir nicht zu uns finden, können wir uns auch nicht beschützen.

Während ich diese Zeilen schreibe, kreisen meine Gedanken um einen Filmausschnitt des Schauspielers Macaulay Culkin. Da geht es um folgenden Dialog zwischen Kevin und der obdachlosen Taubenfrau:

„Ich habe Angst. Wenn ich jemandem vertraue, wird mir das Herz wieder gebrochen", sagte die Taubenfrau.

„Das verstehe ich. Ich hatte einmal ein wunderschönes Paar Rollschuhe. Ich hatte Angst, dass sie kaputt gehen würden, wenn ich sie anziehe. Also blieben sie in der Schachtel. Und wissen Sie, was passiert ist?", sprach Kevin weiter.

„Nein.", erwiderte die Taubenfrau.

„Ich bin rausgewachsen. Ich bin nicht einmal draußen gefahren. Ich habe sie nur ein paar Mal im Zimmer ausprobiert", sagte Kevin.

„Ein Menschenherz und was es fühlt, ist doch etwas anderes als Rollschuhe", sprach die Taubenfrau bestimmt.

„Es ist schon ungefähr dasselbe. Wenn ein Herz nicht benutzt wird, was macht es denn aus, wenn es kaputtgeht? Wenn Sie es für sich behalten, passiert vielleicht das Gleiche wie mit meinen Rollschuhen. Wenn Sie es dann versuchen wollen, funktioniert s vielleicht nicht mehr. Versuchen Sie es doch einfach. Schlechter kann es nicht werden", sprach Kevin überzeugend.

„Da ist ein bisschen was Wahres dran", sagte die Taubenfrau nickend.

„Das denke ich auch. Vielleicht ist ihr Herz gebrochen, aber es ist nicht tot. Wenn es tot wäre, wären sie nicht so nett", sprach Kevin weiter.

„Danke!", erwiderte die Taubenfrau erleichtert.

Wer eine emotionale Verbindung eingeht und sich hingibt, läuft immer Gefahr, enttäuscht zu werden. „Man ist nicht enttäuscht von dem, was ein anderer tut oder nicht tut, sondern nur hinsichtlich der eigenen Erwartungen an den anderen", schreibt

Ralf Kunke. Am Anfang versuchen wir, mit der Enttäuschung gut umzugehen, um weiterhin mit einem offenen Herzen durchs Leben zu gehen. Wenn wir jedoch wiederholt Enttäuschungen erfahren, verlieren wir irgendwann das Vertrauen in Menschen und beginnen, uns einzukapseln. Wir schließen unser Herz vor dem Universum, um diesen Schmerz nicht noch einmal ertragen zu müssen. Aus meiner Erfahrung kann ich sagen, dass die Enttäuschung sehr groß war, weil ich meinen Wert im Außen gemessen habe. **Wenn Menschen mir eine gewisse Wertschätzung gaben, war ich zufrieden, ansonsten fühlte ich mich verloren, was dazu geführt hat, dass ich abhängig von ihrem Verhalten wurde.** Genau aus diesem Grund traf mich jede Verletzung wie ein Hurrikan. Bis ich mich sammeln konnte, brauchte es Zeit. Deshalb sollte man Kritik nicht allzu persönlich nehmen und Lob nicht viel Gewicht geben. Bei einem Lob geht uns das Herz auf und wir empfinden Freude, die sich in unserem Körper und unserer Seele bemerkbar macht. Unser Selbstvertrauen steigt enorm. Es ist wichtig, Lob oder ein Kompliment anzunehmen, ohne sich klein machen zu müssen, weil man vielleicht das Gefühl hat, man hat es nicht verdient. Wenn wir uns unserer selbst bewusst sind und unsere Stärken und Fähigkeiten kennen, fällt es uns leichter, ein Kompliment anzunehmen. Es ist wichtig, diese warme, wohltuende Energie anzunehmen und sich zu bedanken. Der Unterschied liegt darin, dass wir uns von einem Lob nicht abhängig machen, sondern in der Lage sind, uns selbst zu loben und zu motivieren. **Wir können unser Leben nicht in die Hände eines anderen legen, um auf Wertschätzung angewiesen zu sein.**

Kritik verletzt uns am meisten, wenn sie unsere eigenen Unsicherheiten oder Befürchtungen anspricht. Das kann auch an einem schwachen Selbstwertgefühl und einem Bedürfnis nach Anerkennung liegen. Die Ängste der Vergangenheit können alltägliche Dinge beeinflussen. Selbstzweifel ist die größte Baustelle, an der wir arbeiten sollten, um nicht allzu verletzt zu reagieren. Es gibt auch Menschen, die mit sich selbst zu kämpfen haben und deine Schwäche nutzen, um ihr

Ego zu stärken. Wenn ich mir bewusst mache, dass ich allein für mein Glück verantwortlich bin, dann hole ich mir meine Kraft und mein Urvertrauen zurück. Solange wir die Zügel nicht in der Hand halten, werden wir einen Schuldigen finden, der uns dieses Gefühl gibt: „Mein Schicksal ist in deiner Hand und du bist für mein Unglück zuständig."

Sich ständig über die anderen zu beschweren ist ein Abwehrmechanismus, um die Antwort nicht bei sich zu suchen. Die meisten Menschen haben Angst vor Veränderung, deshalb wählen sie den leichten Weg, alle anderen für ihr Unglück verantwortlich zu machen. Obwohl sie ein Leben nach ihren Vorstellungen aufbauen können, beschweren sie sich lieber über die Gegenwart.

Es ist vorprogrammiert, dass die nächste Enttäuschung uns treffen wird, weil wir wieder Erwartungen hegen. Unsere Haltung, das Leben selbst aktiv gestalten zu können und die Zügel in der Hand zu halten, bringt uns schneller aus der Situation der Ohnmacht und Verzweiflung heraus. Menschen reagieren unterschiedlich auf Enttäuschung. Einige fühlen Emotionen wie Wut und Trauer, andere reagieren mit Verschlossenheit und Rückzug. Selbstvorwürfe wie diese: „Wie konnte ich nur so blind sein?", „Warum habe ich mich nur darauf eingelassen?", „Ich hätte es besser wissen müssen!", „Geschieht mir recht!", „War klar, dass das wieder mich trifft!", „Wie kann man nur so naiv sein!", frustrieren uns zusätzlich. Wir ziehen uns zurück, indem wir unser Sein vor diesen Anschuldigungen verschließen. Durch dieses Verhalten sperren wir auch all die guten Charaktereigenschaften aus, die uns einzigartig machen. **Unbewusst bestrafen wir uns selbst für das Verhalten eines anderen.** Natürlich ist es wichtig, Menschen aus unserem Leben zu verbannen, die uns nicht guttun, aber sich selbst das Leben zu nehmen, entspricht nicht unserer Vorstellung von Leben und Veränderung.

Enttäuschung gehört zu unserem Leben. Durch sie können wir wachsen und an uns arbeiten. Sie gibt uns die Möglichkeit, unsere Menschenkenntnis zu erweitern. Der beste Weg, um mit Enttäuschungen umzugehen, ist es, das Geschehene zunächst anzunehmen und die eigenen Gefühle zu akzeptieren. Sie sollten bewusst wahrgenommen werden. Etwas in sich hineinzufressen, führt nur zu Anspannungen im Körper und zu einer weiteren Blockade in der Seele. Die Enttäuschung können wir auch als Selbstreflexion nutzen. Aus welchem Grund hat mich das so verletzt? Waren die Erwartungen zu hoch? Habe ich selbst etwas dazu beigetragen?

Gefühle aufzuschreiben, befreit uns und wir können einen Abstand zu ihnen entwickeln, um sie objektiv zu betrachten. Ein Gespräch mit einer Person ohne Schuldzuweisungen kann uns helfen, besser zu reflektieren. Ein Spaziergang in der Natur hilft dabei, Gedanken zu sortieren und Ärger loszulassen. Wir sollten uns vor Augen halten, dass jeder Mensch Fehler macht, auch wir selbst. Nachtragend zu sein, belastet nur unsere Seele und führt dazu, dass wir immer misstrauisch und unzufrieden mit uns selbst sind. Es kann durchaus passieren, dass eine Person, die dich enttäuscht hat, auch weiterhin schlecht mit dir umgeht. Dann müssen wir auch lernen, Abschied zu nehmen. Solange wir die Kraft nicht finden, uns zu trennen, verlieren wir zunehmend das Vertrauen in uns selbst.

Aus meiner Erfahrung kann ich sagen, dass wir immer Menschen anziehen, die Schmerzen verursachen, solange wir nicht bei uns selbst ankommen und das Wunder der Heilung fühlen. Da fällt mir ein Zitat von Laura Malina Seiler ein: **„Das Universum stellt dir so lange die gleiche Frage, bis du sie gelöst hast."**

Es steckt viel Wahrheit darin und je bewusster ich diese Zeile auf mein Leben beziehe, desto klarer werden die Strukturen in meinem Kern.

Mein Leben war immer ein Kampf. Ich wollte gesehen, geachtet und geliebt werden. Was war nur der Grund, warum ich nicht gesehen worden bin? Lag es vielleicht daran, dass alle immer an der Oberfläche schwammen und ich immer in der Tiefe des Lebens? Von außen konnte ich keinen dieser Werte erfahren, da mir immer wieder vermittelt worden ist: „Du passt nicht zu uns", „Du bist ganz anders", „Mit dir will keiner zusammenhängen." Ich befand mich immer im Kampfmodus und konnte meine inneren Blockaden nicht lösen. Entweder kämpfte ich um Anerkennung der anderen oder gegen ihre Abneigung. Für eine gesunde Selbstentwicklung und -entfaltung waren das keine guten Bedingungen.

Blockaden verhindern nicht nur unsere Gegenwart, sondern auch unsere Zukunft. Wir schleppen diesen schweren Koffer immer mit uns und erschweren somit unseren eigenen Weg. Wenn wir ein Glas Wasser in der Hand halten, wird sich das für die ersten Minuten leicht anfühlen. Mit jeder weiteren Minute werden wir spüren, wie schwer unser Arm wird. Wenn wir das Glas einen ganzen Tag tragen, wird unser Arm taub. So geht es auch mit unseren Blockaden. Je früher wir sie lösen, umso leichter werden wir uns fühlen. Eine Blockade schränkt unsere Lebensqualität langfristig ein und verhindert unseren Energiefluss, weil Angst und Selbstzweifel im Vordergrund stehen. Solange wir in unserer eigenen Geschichte diesen Emotionen die Hauptrolle geben, können wir nicht frei denken und handeln. Blockaden führen nur dazu, dass wir uns kleiner machen, uns nach hinten stellen und uns anpassen. Durch dieses Verhalten können wir unser wahres Potential nicht entfalten.

Ein Dialog mit unseren Gefühlen ist jedoch von großer Bedeutung, weil wir die Chance haben, viel über sie zu erfahren. Wenn wir unsere Gefühle als Werkzeug benutzen, können wir auch dahin gelangen, wo wir angefangen haben, uns ihnen auszuliefern. Gehen wir davon aus, dass Angst bei uns stark im Vordergrund steht. Mit Fragen wie: „Wovor genau möchtest du mich schützen?", „Welche Aufgabe übernimmst du?", „Welche Glaubenssätze haben dich so stark gemacht?", „Was ist deine größte Befürchtung, wenn du an mich denkst?", „Was war das größte Futter, das dich zum Wachsen gebracht hat?" „Was ist deine Ernährungsquelle?" können wir ihr entgegenkommen, um sie besser zu verstehen:

Wir dürfen unsere Angst an die Hand nehmen und weiterhin mit ihr reisen. Sie ist ein wichtiger Begleiter und darf auch nicht fehlen. Problematisch wird es nur, wenn sie sich zu oft meldet und uns mehr ein Hindernis als eine Hilfe ist. Um eine gute Basis zu erschaffen, müssen wir mit ihr einen Kompromiss eingehen. Der könnte so aussehen: „Hallo liebe Angst, schön, dass du da bist und mich beschützt. Dafür bin ich dir sehr dankbar und ich schätze deine Warnsignale. Du bist mir in meinem Weg sehr wichtig und darfst auch immer dabei sein. Mir liegt es am Herzen, mit dir in Kontakt zu treten, deshalb würde ich gerne einen Kompromiss mit dir eingehen. Könntest du mir bitte mehr Vertrauen und Freiraum geben?

Wenn ich meine Grenzen nicht ausweite und nicht aus meiner Komfortzone komme, werde ich nie erfahren, welche Talente und Stärken ich noch habe. Diese kann ich nur erfahren, wenn ich es wage, zu wachsen und zu lernen. Wenn ich mich mit dem zufriedengebe, was ich habe, kann ich nicht wissen, was ich in mir trage. Der Samen ist gesetzt, er muss nur sprießen. Lass sie sprießen, lass sie wachsen liebe Angst. Durch sie kannst du wachsen. Gib diesen Samen die Chance, ihren Platz zum Leuchten zu bringen. Ein Samen trägt alles in sich, was es zum Leben braucht, außer deine Zustimmung. Ich bin mir sicher, du willst mein Bestes und du hast die ehrenvolle Aufgabe, mich zu beschützen. Jetzt brauche ich aber Raum zu Entfaltung. Du wirst stolz auf mich sein und mir mit einem Lächeln zusehen, wie ich blühe."

So oder so ähnlich könntest du in einen Dialog mit deiner Angst treten.

„Wer seine Ängste überwunden hat, wird wirklich frei sein", sagte Aristoteles.

Ich finde auch, dass die größte Errungenschaft in der Freiheit liegt und sie ihr Ziel erst durch Selbstverwirklichung erreicht. Denn je mehr wir unseren Kern zum Erblühen bringen, umso kleiner wird die Angst.

Gedicht an mich:

Heute wurde ich geboren.

Ich bin das Artefakt eines verlassenen Landes, das Gott vergessen hat.

Das Leben, das mir angeboten wurde, traf auf keinen der Schätze, die ich mitbrachte.

Wie durstig war ich jedoch nach meinem Land. Mein Herz, das bereit war zu sprießen, musste lernen, sich zu begraben.

Deshalb bin ich nichts geworden, um meinen Samen zu anderen Quellen zu tragen.

Nichts zu sein bedeutet nicht, sich selbst aufzugeben, sondern alle anderen aufzugeben. Wunden wurden zu meinen Genossen und Philosophie zu meiner Route.

Eines Tages würden diese Wunden jemand anderem ein Licht sein.

Wenn man einem Kind, das Gefühl vermittelt: „Du bist nicht gut genug", oder extremer ausgedrückt: „Du bist ein komisches Wesen", dann versucht das Kind in erster Linie, die Aufmerksamkeit der anderen auf sich zu ziehen, um mitzuhalten. Wenn es ihm jedoch nicht gelingt, versucht es irgendwann, sich nur vor Schmerzen zu bewahren, nach dem Motto: „Ok, eure Liebe habe ich nicht bekommen, aber erspart mir bitte eure Abneigung."

In den meisten Schulpausen verließ ich z. B. das Schulgebäude, um die Abneigung und die Übergriffe der anderen Schüler nicht zu spüren. Ich bin vor diesem Schmerz weggelaufen.

Wenn wir Verletzbarkeit in den Mittelpunkt unseres Lebens stellen, werden wir dieses Gefühl auch ständig erfahren. Wir erlauben Menschen, uns immer wieder als Boxsack zu benutzen, weil wir nicht gelernt haben, uns zu verteidigen. Als Kind wurde uns beigebracht, zurückzustecken, weil die familiären Bedingungen (Hunger, Streit zwischen den Eltern, finanzielle Krise) im Vordergrund standen. Unsere Eltern kommen selbst aus Familien, worin die Selbstentwicklung und eine gesunde Psyche nicht von Bedeutung waren. Für sie war ein Tag ohne Hunger wertvoller.

Durch die erlernten Muster stellen wir uns dem, was das Leben uns anzubieten hat. Wir sind zufrieden, ohne zu wissen, dass unser Unterbewusstsein mit uns auf so ein Leben zusteuert.

Deshalb sind die Arbeit und der Kontakt mit dem „inneren Kind" von großer Bedeutung. Denn unsere Kindheit prägt uns das ganze Leben. Unsere Persönlichkeit und unser Selbstwertgefühl werden von negativen und schmerzhaften Erlebnissen beeinflusst. Belastende Emotionen zeigen sich auch im Erwachsenenalter und sind tief ins uns verwurzelt.

Ein Kind kann sich gesund entwickeln, wenn die wichtigsten Grundvoraussetzungen wie Liebe, Schutz, Zuneigung und Geborgenheit vorhanden sind. Kinder brauchen keine perfekten Eltern, sondern nur Bezugspersonen, auf die sie sich verlassen können. Auf die Bedürfnisse der Kinder einzugehen, ihre Stärken und Schwächen anzunehmen und sie liebevoll auf ihrem Weg begleiten, ist die Kernaufgabe der Eltern.

Natürlich sind soziale Kontakte mit Gleichaltrigen auch eine wesentliche Voraussetzung für eine gesunde Entwicklung.

Es braucht manchmal Jahrzehnte, um sich tatsächlich die wichtigste Frage im Leben zu stellen: „Was willst du?" Diese Frage hat mir meine Therapeutin während eines Gesprächs gestellt. „Ich will nicht mehr kämpfen", rutschte mir heraus, ohne dass ich viel darüber nachgedacht hatte. Es war eine umfassende Antwort. Ich war ihr so dankbar, dass sie mir diese entscheidende Frage gestellt hatte. Ich wollte nicht mehr um etwas kämpfen, ich wollte nur loslassen, was mich dazu brachte, immer in Alarmbereitschaft zu sein. Es war ein Kampf gegen mich, der zu keinem Resultat geführt hatte. **Das Einzige, was ich spüren wollte, war Frieden mit mir und der Welt. Das Gefühl, sich immer anpassen zu müssen, immer um Aufmerksamkeit kämpfen zu müssen, sich immer beweisen zu müssen, hatte ich satt.** Ich wollte einfach loslassen und nur da sein. Da ich früher keinen Vergleich hatte und mich nur im Kampf erlebt hatte, dachte ich, dass dies meine Realität sei. Seit der Therapie begegne ich Menschen, die mein einfach „Da sein" feiern und aufmerksam sind. Zum ersten Mal in meinem Leben habe ich die Erkenntnis, dass dies ausreichend für meine Mitmenschen ist.

Die ersten Erfahrungen diesbezüglich fühlten sich ungewohnt und unsicher an. Je mehr solcher Erlebnisse ich erfahren durfte, desto klarer wurde mir, wie schön es ist, einfach nur da zu sein. Seither kann ich die Gegenwart von Menschen, die mir dieses Gefühl nicht geben, nicht dulden. Mein Körper zeigt eine Reaktion darauf und ich fühle mich in diesem Zustand richtig unwohl. Es fühlt sich an, als hätte ich einen Elefanten auf der Brust. **Wenn Du Dich in der Gegenwart einer Person gelähmt fühlst, ist es Zeit zu gehen.** Manchmal ist Loslassen der beste Weg zur Heilung. Die Therapie hat mir verdeutlicht, wohin ich gehe. Es gab nur einen Ausgangsweg und der erste Schritt dahin war die Selbstannahme. Von da an wurde mir klar, wie wichtig diese Erkenntnis war. Es liegt mir viel daran bei mir zu bleiben und mich bei allem, was ich tue, zu spüren. Wer sich für diesen heilsamen Weg entscheidet, wird vom Universum belohnt. Selbstannahme ist somit die Grundvoraussetzung für Veränderung. **Je mehr wir loslassen, was uns davon abhält, wir selbst zu sein, umso mehr stärken wir unser Selbstwertgefühl. Durch diese Achtung uns selbst gegenüber geben wir uns die Chance, neu zu beginnen und neu zu wählen.**

Schams-e Tabrizi (persischer Mystiker) sagte:

„Wenn du immer noch wütend bist, ist dein Kampf mit dir selbst noch nicht vorbei.

Wenn du immer noch gebrochen bist, bedeutet dies, dass die Ziegel des Hauses deines Herzens nicht gefestigt wurden.

Wenn du immer noch verurteilst, bedeutet das, dass du den Rang der Begnadigung noch nicht erreicht hast.

Wenn du immer noch nicht bedingungslos lieben kannst und deine Liebe vergleichst, bedeutet dies, dass du immer noch der Täuschung folgst und die Konzentration der Liebe in dir verhinderst.

Wenn du immer noch nicht aufhören kannst, „Ich" zu sagen, bedeutet das, dass du immer noch in den Händen deiner Triebe bist und dich dieser Knechtschaft unterwirfst.

Wenn du dich immer noch über das Missgeschick ärgerst, bedeutet das, dass du die Wahrheit nicht kennst.

Wenn du dich immer noch beschwerst, siehst du die WAHRHEIT nicht."

„Wenn das Herz müde wird,
spielt die Welt keine Rolle mehr."

Fatma Agva

Es war ein ungewöhnlich eisiger Januartag, der das Dorf mit Schnee bedeckte. Ich schaute aus dem Fenster meines Klassenzimmers und sah den Schnee, der den Schulhof weiß überzog. Dicke Flocken fielen vom Himmel und die Kälte ließ alles glitzern. Das Dorf wirkte verlassen und einsam. So romantisch das Ganze auch aussah, kreisten meine Gedanken ständig nur um eine Frage: „Wie komme ich zurück nach Hause?" Am frühen Morgen war der Weg noch begehbar, aber jetzt schneite es unaufhörlich.

Im Winter sind die Wege durch den Schnee teilweise gesperrt und die Menschen sind auf sich allein gestellt. Im Sommer lagern sie die wichtigsten Grundnahrungsmittel wie Reis und Bulgur in ihren Speisekammern ein, um die harten Wintermonate durchzustehen.

Die letzte Unterrichtsstunde ging nun auch zu Ende und wir durften nach Hause. Die Kinder verließen das Klassenzimmer mit einem Freudenschrei und drängelten sich aneinander vorbei. Ich versuchte, mit einer Klassenkameradin Blickkontakt zu halten, um sie zu bitten, mit mir zu laufen. Alle sausten in verschiedene Richtungen und ich schaute ihnen entgeistert nach. Einige Eltern kamen, um ihre Kinder abzuholen. Am Schultor sah ich noch Ayse und Elif, die dabei waren, mit dem Schnee zu spielen. Ich bat sie, mit mir zu laufen. Sie schauten kurz zu mir hinüber und wandten sich wieder einander zu. Meine Angst und Verwirrung konnte ich nicht mehr verbergen. Mir war zum Heulen zu Mute. Sie gingen zusammen und ich schaute ihnen verdrossen zu. Da sie in der Nähe wohnten, war es für sie kein großer Aufwand.

Mir blieb nichts anderes übrig, als allein zu laufen. Es schneite noch stärker und meine Schritte wurden immer schwerer, weil der Schnee bis zu meinem Knie reichte. Die Kälte und der Wind erschwerten meinen Gang zusätzlich, ich zitterte und bebte am ganzen Körper. Ich hob meinen Kopf, um zu sehen, wie weit ich gekommen war. Doch weit und breit konnte ich weder Menschen noch Häuser erkennen. Der Wind nahm mir den Atem und ein grauer, frostiger Nebel erschwerte die Sicht zusätzlich. Der Winter zeigte sich von seiner härtesten Seite. Meine Füße und Beine spürte ich kaum. Der Wind nahm mir meine letzten Kraftreserven, die ich zögerlich nutzte, um voranzukommen. Nach einigen Schritten konnte ich nicht mehr weiterlaufen und fiel zusammen. Wegen meiner erfrorenen Gliedmaßen gelang es mir nicht, meinen Körper in Gang zu bringen. Mit jedem Versuch, wieder aufzustehen, sackte ich erneut zusammen. Der Schnee bedeckte fast meinen ganzen Körper und meine Wimpern waren mit Klumpen aus Schnee zusammengefroren. Mit versteinertem Blick schaute ich in den Himmel, der nach mir rief. In diesem Moment wünschte ich mir, weit wegzufliegen.

Das Einzige, was ich vernahm, war Stille, die alle Sinne verschluckte. Meine Augen wurden müde und ich schloss sie für einige Sekunden. Die unerträgliche Stille fühlte sich wie ein Jahrhundert an. Mit aller Kraft versuchte ich, meine Sinne zum Leben zu erwecken und öffnete meine müden Augen erneut. Der Himmel lächelte mir zu und wirkte wie ein wahrer Freund, der mich daran erinnerte, dass ich nicht allein war. Mein Zeitgefühl verschwand und der Moment fühlte sich unendlich lang an. Eine Schwere lag auf meinem Körper. Für einen Moment schlief ich ein und träumte von meiner Mutter, die mich in den Arm nahm und mir ein Märchen erzählte. Ich hörte sie sagen: „Mein Kind, mein Kind." Plötzlich überkam mich die Sehnsucht zu ihr und ich öffnete abrupt die Augen. Eine alte Dame sah ich, die mich in den Arm nahm. Sie holte mich aus dem Schnee, der mein Tod gewesen wäre. Ich fühlte mich benommen und war kurz davor, in Ohnmacht zu fallen.

Die alte Dame brachte mich in ihr Haus und legte mich vor ihren glühenden Kamin. Auf dem bunten Teppich rechts von mir schlief eine grau gestreifte Katze zusammengerollt, sie genoss ebenfalls die Wärme des Kamines. Das Knistern des Feuers wirkte beruhigend und ich schlief auch ein. Als ich zu mir kam, hörte ich die Stimme meines Vaters, der mit der alten Dame sprach. Wie ich mitbekam, hielt sie mich für ihre Enkelin, was sie in Sorge brachte. Mein Vater bedankte sich herzlich bei ihr und kam zu mir, um mich in den Arm zu nehmen. Er wickelte mich in eine warme Decke und trug mich nach Hause.

Als er die Tür öffnete, wurden wir von einem heftigen Wind überrascht, der uns ins Gesicht peitschte. Mein Vater lief trotzig mit großen Schritten und ließ sich nicht einschüchtern. In seinen Armen fühlte ich mich sicher und geborgen. Er war mein wahrer Held, deshalb konnte mir in seiner Gegenwart nichts passieren. Zuhause angekommen lief meine Mutter uns besorgt entgegen und umarmte mich. So wurde ich von einem Arm zum nächsten getragen. Ich genoss diese Zuneigung und ließ mich verwöhnen. Meine Eltern waren sichtlich verängstigt und in Sorge um mich. Nach diesem Tag begleiteten sie mich im Winter jeden Tag zur Schule. Der Schnee regte in mir Furcht und die Liebe zum Schnee verflog an diesem Tag.

Bei jedem Sonnenaufgang im Winter schaute ich erst durch die Fenster, um festzustellen, wie hoch der Schnee war. In den folgenden Tagen fühlte ich mich sehr verängstigt und unsicher.

Obwohl ich das älteste Kind war, bekam ich die größte Aufmerksamkeit. In meiner Kindheit war ich sehr oft krank, was zur Folge hatte, dass meine Eltern besonders um mich bemüht waren. Was mir am Anfang Freude bereitete, zeigte sich später in Schuldgefühlen gegenüber den Geschwistern. Von den Dorfleuten wurde ich auch als Sonderling behandelt: „Das kranke Kind hier, das kranke Kind dort". Eine andere Bedeutung hatte ich für sie nicht. **Von Kindern erfuhr ich Abneigung und**

von Erwachsenen Mitleid. Nicht für voll genommen zu werden, verletzte mich immer wieder.

Am nächsten Tag erfuhren die Kinder von diesem Vorfall und lachten aus vollem Halse. Das Gelächter erfüllte den ganzen Raum. Nach so vielen Mobbingattacken hielt ich es nicht mehr aus und zog mich komplett zurück. Kinder können grausam zu Gleichaltrigen sein und wissen nicht, wie schmerzlich sich das für die anderen anfühlt.

Meine einzige Motivation in der Schule war der Unterrichtsstoff, der mein Wissen erweiterte, und die Gedichte, die ich auswendig lernte. In meiner Freizeit malte ich mein Gesicht und sang ein Lied nach dem anderen. Schon als Kind lebte ich in meiner eigenen verträumten Welt.

Wenn ich an meine Kindheit zurückdenke, kommen schöne Erinnerungen an meine Großeltern hoch, die ein Lächeln auf meine Lippen zaubern. Die Fürsorge und Liebe, die sie mir gaben, war Salbe für meine Wunden. Ich genoss ihre Gegenwart und suchte immer die Nähe zu ihnen, um diese Liebe erneut zu erfahren. In der Natur verweilen und den Tieren zuzuschauen, bereitete mir auch viel Freude. Da ich keine Zuneigung von der Außenwelt bekam, versuchte ich, eine eigene Welt zu erschaffen, die nur mir gehörte.

Eine Blume sagte einmal: „Wo ist mein Platz und meine Heimat?" Sie hatte Angst, ihre Knospe zu öffnen, weil sie niemanden um sich herum sehen konnte, der ihr ähnelte. Gerade als sie dabei war, ihr Gesicht in die Erde zu stecken, schien ihr die Sonne vom Horizont entgegen und sprach: „Oh meine liebe Knospe, wenn du dich verschließt, werde ich mich hilflos fühlen. Ich werde sagen, meine Strahlen haben nicht gereicht, um eine Knospe zum Blühen zu bringen. Tu mir das bitte nicht an." So antwortete die Knospe verzweifelt: „Ich habe solche Angst, Farbe zu zeigen, schau, ich sehe niemanden, der mir ähnelt, ich werde allein sein." „Nein, so ist es nicht, meine liebe Knospe", erwiderte die Sonne, „Wenn du dich uns nicht öffnest, können wir nicht erfahren, was für eine Schönheit du in dir trägst. Außerdem will ich stolz auf mich sein, eine Blume wie dich davon überzeugt zu haben, zu blühen und sich zu zeigen!"

Nachdem sie eine Weile gezögert hat, öffnete sie langsam und scheu ihre Knospe und antwortete: „Ich möchte nicht, dass andere Blumen wegen mir ihrer Sonne beraubt werden!" Sie spross und zeigte ihre Farbenpracht, was ihren Platz zum Leuchten brachte. Dann sah sie in der Ferne eine weitere Blume wie sie. Da sie sehr neugierig auf ihre Umgebung wurde, beschloss sie, noch weiter zu wachsen. Mit der Freude, ihren Kern zu entfalten, machte sie anderen den Mut, auch an sich zu glauben. Die Sonne grinste ihr zu und wirkte sichtlich zufrieden mit ihrer Arbeit.

Diese Geschichte habe ich an einem Frühlingsmorgen geschrieben, als ich im Wald unterwegs war und eine Blumenwiese beobachtete, die sich in verschiedenen Farben und Mustern zeigte. Von Buschwindröschen bis zu Schneeglöckchen war alles dabei. Sie alle hatten nur die Aufgabe zu blühen. So einfach, wie es in der Natur aussieht, könnte es auch bei den Menschen sein, aber Habgier, Ego und Neid bringen einen Schatten über unsere Einzigartigkeit. Der Mensch will immer mehr von den Sachen der anderen haben. Es ist ein Rennen gegen sich selbst. Diese Leichtigkeit, am Leben teilzuhaben und anderen Menschen etwas zu gönnen, sehen wir heutzutage immer seltener. Dabei könnten wir wie die Natur im Einklang mit all unseren Farben sein.

Mein ganzes Leben hatte ich das Gefühl, fremdgesteuert zu sein. Aufgrund der vielen schmerzhaften Erfahrungen, die mich in meiner Entwicklung massiv beeinflusst und eingeschränkt haben, verlor ich zunehmend das Vertrauen in mich selbst und gab mich meinem Schicksal hin.

Da ich keine andere Realität erfahren hatte, konnte ich auch keinen Vergleich ziehen und den Unterschied zwischen den verschiedenen Erfahrungen sehen. Eine andere Realität war auch nicht zu erschaffen, da meine Werte tief begraben unter der Angst waren.

Die Sehnsucht zum Erblühen und die Angst, erneut Abneigung zu erfahren, kämpften permanent gegeneinander. Die inneren Konflikte, die zu Klarheit führen sollten, bewirkten nur das Gegenteil und ich zog mich enttäuscht und erschöpft zurück.

So wie alle anderen Gefühle hat auch die Angst eine zentrale Rolle in unserer Entwicklung und begleitet uns in jeder Lebenslage. Die Kunst liegt darin zu erkennen, ob sie sich als Hindernis oder Schutz zeigt. Dies erfordert die Bereitschaft, offen und ehrlich mit sich selbst zu sein und die eigene Wahrnehmung genauer zu hinterfragen. Falls sie sich als Hindernis erweisen sollte, ist herauszufinden, welche Verhaltensmuster und Glaubenssätze sich uns in den Weg stellen. Die Botschaft, die sich dahinter verbirgt, ist der Schlüssel zu einer neuen Erkenntnis und zu einer neuen Tür. Denn wenn wir uns mit Angst konfrontieren, wird sie uns dabei helfen, die dahinterstehenden Gründe zu erkennen und das ganze Bild überschaubarer zu machen.

Gerade bei einem Veränderungsprozess, den wir durchlaufen, zeigt sich die Angst verstärkt als Hindernis, weil sie kein Risiko eingehen will. Risiko bedeutet auch, die Kontrolle über das eigene Leben und das Vertraute, das uns Sicherheit gibt, zu verlieren. Das ist auch der Grund, warum es uns schwerfällt, aus der Komfort- in die Wachstumszone zu übergehen.

Die Unfähigkeit, sich neu zu orientieren und in einem Stillstand zu verharren, ist die Folge einer Unentschlossenheit oder wie der Autor Schley sagen würde: **„Das vertraute Elend ist uns lieber als das unbekannte Glück."** Denn der Sprung ins Unbekannte erfordert den Mut, über sich hinauszuwachsen.

Angst bewahrt uns vor körperlichen und seelischen Verletzungen. Durch sie erkennen wir Gefahren und können darauf reagieren. Sie kann uns schützen, warnen und in Alarmbereitschaft bringen. Doch wenn sie außer Kontrolle gerät, kann sie uns auch lähmen. Auf meinem Lebensweg war ich sehr oft gelähmt und gab allen anderen Vorrang, um kein Hindernis zu sein.

Da ich mein eigenes Bild von der Außenwelt messen ließ, verlor ich die Verbindung zu mir selbst. Meine Bedürfnisse, Sehnsüchte, Träume, Stärken, Vorlieben und Leidenschaften waren weit entfernt von mir. Meinen eigenen Raum zu erschaffen und mich dort zu entfalten, fühlte sich falsch und unsicher an. Meine Fühler habe ich nach den Bedürfnissen anderer ausgestreckt. Den kleinen Funken in mir, der sich so sehr nach Offenbarung und Entfaltung sehnte, ignorierte ich.

Die Sehnsucht nach Anerkennung, Liebe und Zuneigung wurde irgendwann so übermächtig, dass ich unbewusst einen anderen Weg wählte, um meine Bedürfnisse zu stillen. Nämlich von der Opfer- in die Helferrolle zu schlüpfen. Das Gefühl, von anderen gebraucht zu werden, fühlte sich gut an für mein

Selbstwertgefühl. **Meine Harmoniebedürftigkeit und den Drang, Liebe von anderen zu erfahren, wurden dann so groß, dass ich nicht fähig war, die Bitten der anderen abzulehnen und ein klares Nein auszusprechen.**

Menschen mit Harmoniebedürftigkeit streben immer nach zwischenmenschlichem Frieden, um nicht in einen Konflikt zu geraten. Das Bedürfnis, mit anderen im Einklang zu stehen, wird vorrangig. Dahinter steckt die Angst, nicht mehr liebenswert zu sein. Deshalb passen sich harmoniebedürftige Menschen an jede Situation an, um nicht negativ aufzufallen. Das Risiko, wieder als Außenseiter dazustehen, wollen sie um jeden Preis vermeiden. Der Grund liegt darin, dass sie sich als Opfer passiv und machtlos, aber als Helfer aktiv und wichtig fühlen. Diese Aktivität wird zu einer Sucht, um sich lebendig und als Teil der Gesellschaft zu fühlen. Die Botschaft hinter dieser Angst ist: „Du weißt ganz genau, wie verletzend und unangenehm das gewesen war. Tu alles Erdenkliche, um das zu vermeiden." So ging es mir auch jahrzehntelang.

Jede Hilfe und Unterstützung, die ich mir leisten konnte, wurde vorübergehend Futter für meine innere Stabilität. Wobei die innere Stabilität erst entsteht, wenn wir uns unserer Gefühle bewusst werden und Verantwortung für unser Handeln übernehmen. **Da sie auch durch äußere Einflüsse angeregt wird, bleibt sie ein lebenslanger Prozess, der uns immer fordert und zur Veränderung drängt.** Loslassen können ist in diesem Sinne auch ein wichtiger Abschnitt. **Loslassen und wachsen, so wie der Baum das letzte Blatt im Herbst fallen lässt, um im Frühjahr wieder zu sprießen.**

Wenn wir die Kraft nicht finden, die Vergangenheit loszulassen und die Tür für das Neue zu öffnen, werden wir immer wieder mit der gleichen Situation konfrontiert, die uns auf Dauer seelisch und körperlich schadet.

Den solange wir unsere eigene Wahrheit nicht kennen oder ignorieren, weil wir es nicht anders gelernt haben, werden wir auch immer im Außen nach einem Sinn suchen.

Doch zu dem Zeitpunkt war das für mich der einzige Weg, um aus der Sinnlosigkeit rauszukommen und meiner Existenz eine neue Bedeutung zu geben. Im Leben eines anderen etwas zu bewirken und ein wichtiger Teil einer anderen Geschichte zu sein, wurde so zu einem Erfolgserlebnis.

Es kam aber eine Zeit, in der ich mich ausgenutzt und ausgebeutet gefühlt habe. Das hat mich zu einer tiefen Traurigkeit geführt, weil mir zum ersten Mal bewusst geworden ist, wie weit die Menschen gehen, um meine Sehnsucht nach Liebe zu missbrauchen. Das regelmäßige Helfen wurde zur Selbstverständlichkeit und es kam auch kein Dankeschön mehr zurück. Die tiefe innere Leere, die zunehmend lauter wurde, konnte ich irgendwann nicht mehr ignorieren.

Die Antwort auf all unsere Fragen an das Universum ist „HINGABE": Mutig sein, um die innere Leere auszuhalten und aufmerksam lauschen, was sie uns zu mitteilen hat. Hier sind die vier Schritte, um uns mit dem Universum zu verbinden.

1. **ZULASSEN** (Die Bereitschaft zeigen, die Botschaften des Universums anzunehmen)
2. **HINHÖREN** (Die Botschaften des Universums mit unserem Herzen verbinden, um eine weitere Tür für unsere individuelle Entwicklung zu öffnen)
3. **VERSTEHEN** (Die vom Universum gesendete Mission in den Alltag einbringen, um sich selbst immer mehr auf die Spur zu kommen)
4. **FOLGEN** (Die daraus entschlüsselten Erkenntnisse annehmen und ihr gehörig folgen, um die wahren Schätze unseres Kernes zu entfalten)

Auf der Suche nach uns selbst und unseren Herzenswünschen ist es wichtig, diese vier Schritte zu gehen.

Menschen mit einer Helferrolle oder einem Helfersyndrom benötigen laut dem Psychoanalytiker Wolfgang Schmidbauer ständig das Gefühl, gebraucht zu werden. Die eigenen Bedürfnisse werden nicht für wichtig gehalten. Dies kann zu einer Abhängigkeit zwischen Helfer und Hilfsempfänger kommen. In der Kindheit haben Menschen mit einer Helferrolle kein Gefühl von Liebe, Sicherheit und Unterstützung erfahren. Das spiegelt sich in einem minderwertigen Selbstwertgefühl.

Wenn man die eigenen Bedürfnisse und Wünsche jahrelang übergeht, können Erkrankungen wie Burnout, psychosomatische Störungen, Depressionen und Sucht entstehen. Das hat auch zu Folge, dass wir keine eigenen Ziele verfolgen und die Orientierung in unserem Leben verlieren. Gerade Menschen, die sich ununterbrochen für andere opfern und überall ihre Unterstützung anbieten, nehmen selbst keine Hilfe an, weil sie sich erst in der Helferrolle liebenswert, nützlich und wertvoll fühlen. Dabei gehen sie über ihre Grenzen hinaus und ignorieren die ersten körperlichen und seelischen Anzeichen von Überforderung.

Natürlich ist es ein großes Zeichen für Empathie und Menschlichkeit, jemandem zu helfen, aber zu viel davon schadet auf lange Sicht. Denn wenn wir nicht in der Lage sind, für uns selbst zu sorgen, können wir irgendwann auch für alle anderen keine Hilfe mehr sein.

Aus diesem Grund ist eine Selbstreflexion des eigenen Handelns notwendig. Mit den richtigen Fragen an uns selbst können wir Antworten auf unsere Fragen erhalten und die Gründe für unser Verhalten werden sichtbar. Von einer Schuldzuweisung an uns selbst ist abzuraten, da sie sich mehr auf das Problem fokussiert als auf die Lösung. Sätze wie „Was läuft bei mir falsch" oder „Warum schaffe ich es nicht, die gleiche Anerkennung zu bekommen wie alle anderen" sind eher kontraproduktiv, weil sie uns nur klein machen und nicht zu einem Ergebnis führen.

Mein ganzes Leben habe ich mich für andere geopfert und mich in dieser Rolle auch wohl gefühlt, da es mir ein Gefühl von Sicherheit gab. In der Familie und im Freundeskreis war ich immer zur Stelle, wenn jemand etwas gebraucht hat und ich genoss die Aufmerksamkeit, die ich dadurch bekam. Mit Glaubenssätzen wie: „Ich bin ein guter Mensch, weil ich anderen helfe", „Ich bin ein wertvoller Mensch, weil ich andere rette und nützlich bin", „Ich werde gebraucht, sie sind auf meine Hilfe angewiesen." habe ich mein Handeln verstärkt.

Da uns in unserer Kindheit Hilfestellung verwehrt worden ist, versuchen wir die Wunden der Vergangenheit durch unsere Hilfe für andere, ein Stück weit zu heilen. Das ist der andere Grund, warum wir uns in der Helferrolle als Held sehen.

Wenn ich an die Jahre zurückdenke, sehe ich ein einsames, verlorenes Mädchen, das verzweifelt versucht, ihre Lücken durch Hilfe, die sie allen anderen zur Verfügung stellt, zu schließen. Mit der eigenen Wahrheit konfrontiert werden, erfordert Mut zur Ehrlichkeit mit sich selbst und zu einer Bilanz der Vergangenheit.

Früher oder später wird uns unser inneres Kind zu unserer eigenen Wahrheit drängen. Es trägt die würdevolle Absicht, diesen Kern zum Leben zu erwecken. Der Kern unserer Wahrheit ist bereits in uns angelegt und es erfordert nur Hingabe und die Bereitschaft, das Leben selbst in die Hand zu nehmen. **Wie bei einem Samen, den wir pflanzen und ihm mit Begeisterung beim Wachsen zusehen, wird auch unsere eigene Entwicklung sein. Wenn sie einmal Früchte trägt, werden wir unser volles Potential entfalten.**

Jahrzehntelang bin ich vor ihr weggelaufen, weil ich allein nicht in der Lage war, sie zu finden. Zu oft hatte ich versucht zu erblühen und wurde immer wieder getreten. Sich selbst fremd zu sein, beginnt, wenn wir aufhören, neu anzufangen und unseren Wunden erliegen. Das Gefühl, neben sich selbst zu stehen, kommt auf.

Der Ruf von meinem inneren Kind wurde jedoch irgendwann so laut, dass ich nicht anders konnte, als mich ihr zu widmen. Das ist auch die größte Angst vieler Menschen, die sich in der Helferrolle befinden. Sie haben Angst, ihre Identität als fürsorglicher Mensch zu verlieren und keine Anerkennung mehr zu bekommen. Der andere Grund ist: Sie leben viel zu lange damit, um sich davon zu befreien. Aber alles im Leben beginnt mit dem ersten Schritt, ja zur Veränderung zu sagen. Gegebenenfalls muss man sich Unterstützung durch Therapie holen. „Wer will schon hinter sich selbst zurückbleiben", schrieb Natascha Kampusch in ihrem letzten Buch. Dieser Satz ist eine freundliche Einladung an Dich selbst, aus dem Stuhl, an den Du schon immer gefesselt warst, aufzustehen und zu hinterfragen, welche Rolle Du übernommen hast und wieviel Kraft sie Dich gekostet hat.

Von der Geburt bis zum Tod übernehmen wir verschiedene Überzeugungen, die stark mit unseren Werten verknüpft sind. Woher kommen sie, was machen sie mit uns und wie stark beeinflussen sie unsere Wahrnehmung? **Die Seele des Menschen entwickelt sich vor dem Verstand. Das ist auch der Grund, warum wir als Kind etwas verspüren, aber ihr keine Bedeutung geben können.**

In den ersten sieben bis acht Lebensjahren formt sich unser Unterbewusstsein. Genau in dieser Zeit ist es wichtig, ausreichend Liebe und Unterstützung von der Außenwelt zu erfahren. Ein gesunder Geist kann sich nur so entfalten. **Das ist auch der Grund, warum das Unterbewusstsein uns lenkt und unser Leben sabotiert.**

Aufgrund der Erlebnisse baut unser System eine Mauer auf, um uns zu schützen. Diese sperrt uns aber auch ein. **Somit bleiben wir Gefangene unserer eigenen Überzeugung.** Anstatt sich seinem Schicksal zu überlassen und zu klagen oder sich zu beschweren, können wir den Mut fassen, die Kraft in uns selbst zu finden und das eigene Leben in die Hand nehmen.

Denn solange wir uns als Opfer fühlen, geben wir die Verantwortung über unser Leben an andere ab und betrachten wie ein Zuschauer, wie unser Leben gelenkt wird. Es gibt Menschen, die sich unbewusst in einen stressigen Alltag vertiefen, um vor der Gegenwart wegzulaufen. Denn wenn sie in Stress sind, schalten sie alle anderen Emotionen ab. Wieder andere malen sich das Leben bunt aus, lassen keine Gefühle zu und lehnen alles ab, was sie zum Nachdenken anregen könnte. So haben sie das Gefühl, vor der Vergangenheit davonzulaufen.

Es ist nicht leicht, seine ganze Vergangenheit aufzuarbeiten, aber die eigene verborgene Wahrheit ans Tageslicht zu bringen ist der Vorteil davon. Ein Leben in Gefangenschaft nimmt uns all die Energie und Kraft, die wir für uns selbst nützlich einsetzen könnten. **So wie wir uns an die Gefangenschaft nach und nach gewöhnt haben, weil wir keine andere Wahrheit kannten, können wir uns auch an die Freiheit gewöhnen. Wer einmal die Unterschiede zwischen den beiden Leben sieht und begreift, wird sich nie wieder freiwillig gefangen nehmen lassen.** „Mein Körper ist noch gefangen in der Angst der Vergangenheit, doch mein Herz ruft immer lauter nach dem Ort, an dem ich heute bin.", schreibt Clara Louise. Bei diesen Worten spüre ich meinen eigenen Ruf nach Freiheit und Selbstverwirklichung. **Bist Du, lieber Leser, bereit deine Flügel frei ohne Hemmungen auszubreiten?**

In der ersten Phase der Aufarbeitung wurde mir bewusst, wie oft ich ja gesagt habe, obwohl ich etwas nicht wollte. Wenn ich einmal den Mut gefunden hatte, Nein zu sagen, bekam ich direkt danach so ein schlechtes Gewissen, dass ich doch zusagte. Ein schlechtes Gewissen wird sich uns auch in den Weg stellen, wenn wir die Veränderung zur Heilung angehen. Umso wichtiger ist es, trotzdem standhaft zu bleiben und das Gefühl auszuhalten. In dieser schwierigen Phase würde ich empfehlen, Ruhe zu bewahren, geduldig mit sich selbst zu sein, sich zu beschäftigen oder zu meditieren. Aller Anfang ist schwer und es verlangt dir viel ab, aber wenn wir uns auf das Ziel konzentrieren, schöpfen wir Kraft.

Fällt es Dir auch schwer, deine Wünsche zu formulieren, lieber Leser?

Hilfst Du anderen auch ungefragt?

Hast Du auch das Gefühl, Menschen anzuziehen, die Hilfe brauchen?

Hast Du ein schlechtes Gewissen, wenn Du eine Bitte ablehnst und auf deine innere Stimme hörst, die zwar leise, aber klar zu dir spricht?

**Hast Du öfter das Gefühl „Du hast es nicht verdient",
wenn Du dir etwas gönnst?**

Hast Du Angst vor den Konsequenzen, wenn Du einmal Nein sagst?

Jeder, der sich bereit erklärt, eine Veränderung einzugehen, wird Entzugserscheinungen haben und sich schwertun, die ersten Schritte zu gehen. Das Gefühl, egoistisch oder ein schlechter Mensch zu sein, kann sich in der ersten Phase qualvoll anfühlen, aber es gehört zur Heilung dazu. Je mehr wir den Weg gehen, der für uns bestimmt ist und der unseren Kern zur Entfaltung bringt, umso sicherer werden wir uns in unserem Körper fühlen. Ich habe bewusst Körper gesagt, weil er auch eine entscheidende Bedeutung in dieser Phase der Heilung hat. Der Körper speichert meines Erachtens jede Emotion in den Zellen und reagiert dementsprechend darauf, wenn wir eine Handlung wiederholen.

Die Sprache unseres Körpers ist ein wertvolles Instrument, das wir nützlich einsetzen können, um Klarheit über unser Befinden zu schaffen. Wenn ich z. B. jemandem zusage, obwohl ich es im Grunde nicht will, spüre ich einen enormen Druck im Brustbereich. Mein Atem wird flach, mir wird schwindelig und übel. Unser Körper gibt uns Antworten, bevor der Geist überhaupt auf die Frage „Warum" kommt. Bewusst durchs Leben zu gehen bedeutet auch, die Signale des Körpers wahrzunehmen und sie richtig zu deuten. Wenn uns das gelingt, wird sich unser Selbstvertrauen erhöhen und somit auch die Selbstannahme und -achtung. Die Lasten der Vergangenheit loszulassen, wird uns neue Energie und den Schlüssel zu unserer inneren Welt geben.

Heilung bedeutet nicht, frei von Problemen, Hindernissen, Herausforderungen und Schicksalsschlägen zu sein, sie bedeutet vielmehr den Mut zu haben, die Vergangenheit aufzuarbeiten, das Geschehene anzunehmen und loszulassen. Das Leben wird uns immer viele Hürden geben und wir werden auch immer in Situationen geraten, die uns herausfordern und uns viel abverlangen, aber der Unterschied wird darin liegen, die Umstände, in denen wir uns befinden, nicht mit der Brille der Vergangenheit zu betrachten, sondern mit jener der Gegenwart. Die wichtigste Erkenntnis zur Heilung ist es zu verstehen, dass wir auch in Zukunft Schmerz erfahren werden und es Lebensumstände geben wird, die uns fordern. Solange wir unsere innere Mitte finden und Kraft aus uns selbst holen, sind wir fähig, ein freies Leben nach unseren Vorstellungen aufzubauen.

Dein Leben und Deine Zeit liegen in Deiner Hand. Es wird für nichts zu spät sein, wenn Du Dich für einen Neuanfang entscheidest. Alle Wege werden wieder vor Dir liegen, neue Entscheidungen und neue Menschen werden vor Dir erscheinen. Die Sonne wird für Dich aufgehen.

Wir alle brauchen Orientierung im Leben, um unserer Identität eine Bedeutung zu geben. Menschen, die in ihrem Umfeld keine Zugehörigkeit empfinden und bewusst ausgeschlossen werden, wissen nichts mit sich anzufangen und suchen verzweifelt nach einer Aufgabe, um dieser Leere zu entkommen. Der leere Raum in unserem Inneren kann aber nicht durch äußere Faktoren gefüllt werden, weder durch eine Person noch durch materielle Dinge.

Ganz gleich, welchen Wunsch oder welches Ziel wir haben, es wird immer eine Lücke geben, die nicht gefüllt werden kann. Sie macht sich schweigend bemerkbar. Dieser Bereich kann sich erst füllen, wenn wir Frieden in uns finden und ihn mit Liebe ins Gleichgewicht bringen. Wie viele Menschen auf dieser Welt sind wohl auf diese Weise zu Grunde gegangen und wie viele haben sich das Leben genommen? Alle unsere Gefühle wollen ausgelebt werden. Stellen wir uns einen Marathonläufer vor, der als erster ins Ziel kommt. Die Freude, die sich in seinem ganzen Körper ausstrahlt und die Seele beflügelt, können wir uns alle vorstellen. Positive Gefühle wie Stolz, Erleichterung, Begeisterung und Glückseligkeit zeigen sich im gleichen Moment. Eine rasante Energie wird frei und sein Herz wird vor Freude lachen.

Das Ganze können wir uns auch bei einem Menschen vorstellen, der ständig Abneigung erfährt und verurteilt wird. Wie wird er wohl mit dieser gestauten Energie umgehen und sie ab-

bauen? Bei so einer psychischen Belastung kommt die Bewälti-
gungsstrategie infrage, um mit Emotionen umzugehen. Es kann
zu einer Schuldzuweisung kommen, weil man nicht gelernt hat,
mit Konfliktsituationen fertigzuwerden.

Ich hatte das Glück, Eltern zu haben, die mich geliebt haben,
auch wenn sie in ihrer Erziehung einiges falsch gemacht haben.
Sie kannten es eben nicht anders. Aber was ist mit Menschen,
die sowohl von ihrem Elternhaus als auch von der Außenwelt
keine Liebe, Zuneigung und Anerkennung erfahren haben? Wie
muss es ihnen ergangen sein? Da kommen wir auch schon zum
nächsten Thema: Vorurteile!

Innerhalb von Sekunden treffen wir Entscheidungen aufgrund von Vorurteilen, ohne uns bewusst zu werden, wie das
unsere Wahrnehmung filtert. Ein Vorurteil ist ein vorgefertig-
tes meist negatives Bild, wodurch wir Menschen in Schubladen
stecken. **Alles schnell zu bewerten ist auch ein Merkmal
unseres Gehirns, das Zusammenhänge sucht, um sich zu
schützen.** Schon als Kind wurde uns das von unseren Eltern
beigebracht.

Die gespeicherten Muster haben wir unbewusst in unserem
Erwachsenenalter weiterverwendet. Im Laufe unseres Lebens
tragen wir viele unterschiedliche Brillen, die wir uns über die
Jahre angeeignet haben. Die Meinung der Eltern, der Freunde
und aller anderen haben wir unbewusst als die unsere übernommen, ohne wirklich zu hinterfragen, ob sie mit unseren Werten
übereinstimmt. Das können wir uns wie eine Zwiebel vorstellen, die sich in viele Schichten unterteilt, die wir uns Jahr für
Jahr zugelegt haben.

Wenn wir das nächste Mal einen Menschen verurteilen,
sollten wir uns bewusst machen, dass nicht jeder in gleichen
Verhältnissen aufwächst. Da wir die Situation aus unserer Perspektive betrachten, sagt das viel mehr über uns aus als über
die betroffene Person. Mit einem offenen Herzen durchs Leben zu gehen und sich über niemandem zu sehen, ist der Weg,
sich von Vorurteilen zu befreien. Unser Urteil über die anderen verändert unsere Wahrnehmung und das wiederum spie-

gelt sich in zwischenmenschlichen Beziehungen. **Wenn wir es schaffen, uns von unserem Herzen leiten zu lassen und nicht von unserem Ego, können wir ein Leben ohne Vorurteile führen.**

„Geschichten sind Erlebnisse, die uns zu dem machen, was
wir sind, uns Kraft geben und uns ins Heute tragen. Es ist die
Summe aus Schmerz, Zuversicht, Lächeln, Sehnsucht, Wut
und Hoffnung. Es sind flüchtige Momente der Schöpfung voller
Freude, Schönheit und Güte, die ein Leben wert sind. Sie warten
darauf, erzählt zu werden. Diese Erfahrungen, die die Grenzen
von Herz, Geist und Körper sprengen und den gewöhnlichen
Lebensfluss herausfordern, wollen erzählt werden."

Fatma Agva

Aus dem Dachfenster meines Zimmers schaute ich auf die Straße und beobachtete das Leben draußen, das sich langsam in
Bewegung setzte. Nach einer milden Regennacht strahlte die
Sonne erneut mit ihrer Wärme auf die ermüdeten Geister. Das
tägliche Rennen zeigte sich allmählich und die Menschen eilten
gestresst in alle Richtungen. Einige Grundschulkinder waren
schon auf dem Weg zur Schule und liefen kichernd, eng einander gereiht. Aus der Villa gegenüber kam ein bärtiger, großer,
schmaler Geschäftsmann mit Anzug und Krawatte rausgehüpft
und lief angespannt zu seinem Auto. Eine mollige, alte Dame
zuckelte mit ihrem Rollator vorsichtig über die Straße und bedankte sich nickend bei dem Autofahrer, der geduldig wartete,
bis sie die Straßenseite überquerte. Inmitten dieses Chaos pas-
sierte eine schwarze Katze die Straße, um auf das nächste Feld
zu gelangen und Mäuse zu jagen.

Es war der erste Sommer, den ich mit meiner Familie in
Deutschland verbrachte. Die Sehnsucht nach der Heimat und
meiner Oma waren noch allgegenwärtig. Als Kind nehmen wir
diese Gefühle zwar wahr, aber leben sie nicht intensiv aus, weil
wir darauf ausgerichtet sind, weiterzutreiben und uns Umstän-
den anzupassen, die einiges von uns erfordern.

Das Gefühl der Sehnsucht ist schön und schmerzlich zugleich,
weil wir uns nach einem Ort, einem Menschen oder einem Zustand sehnen, der weit weg von uns entfernt ist. Es ist ein Zu-

stand, den wir verinnerlicht haben und er beinhaltet das große Verlangen, die vergangenen Emotionen wieder erleben zu dürfen. Es ist ein Streben nach einem bekannten Gefühl, das uns in einen Glückszustand bringen soll. Die Emotionen der Vergangenheit noch einmal intensiv zu spüren, nennt sich Sehnsucht. Das ist auch der Grund, warum wir sie so innig erleben.

Der eine sehnt sich nach seinem Sohn, der aus dem Krieg nicht mehr zurückgekommen ist, der andere nach einem Gericht, den die verstorbene Großmutter immer gekocht hat. Der Kranke sehnt sich danach, wieder gesund zu sein und aus dem Bett zu springen, der Gesunde sehnt sich nach einem Abenteuer.

Sehnsucht ist auch eng mit unseren Sinnen verbunden, weil wir dadurch das Erlebte speichern. Den Duft der Frühlingssuppe meiner Mutter z. B. werde ich nie vergessen, weil sie mich auf eine Zeitreise mitnimmt, auf der Geborgenheit und Zuversicht sehr eng beieinanderlagen. Es ist nicht nur die leckere Suppe, die die Erinnerung warmhält, vielmehr ist es die Liebe meiner Mutter, die sie uns damit entgegenbrachte. An mein erstes Buch kann ich mich noch genau erinnern, weil dessen Duft noch heute durch meine Nase steigt. Die Bindung zu diesem Buch ist der Grund, warum ich diesen einzigartigen Duft nicht vergessen kann. Wenn ich z. B. die Farbe Königsblau sehe, erweckt das in mir ein Gefühl aus meiner Kindheit, das ich zwar nicht mehr zuordnen kann, aber Freude und Begeisterung hervorruft. Das erste Lied aus dem Radio kenne ich noch heute, weil mich das an die Verbundenheit zu meinen Geschwistern erinnert.

Wenn ich meine Augen schließe und an die Baumwollpflanzen denke, die ich als Kind mit meiner Mutter und anderen Dorfbewohnern gemeinsam gepflückt habe, spüre ich nicht nur den weichen Stoff in meinen Händen, sondern auch den Zusammenhalt der Gemeinschaft.

Welche Eindrücke aus Deiner Kindheit sind besonders in Deinem Kopf verankert und an welche Emotionen sind sie gebunden, lieber Leser?

Heute war der zweite Tag, an dem ich wieder einmal krank war und zuhause bleiben musste. Wenn ich an diese Zeit zurückdenke, fällt mir auf, dass ich mir schon damals Gedanken über das Leben gemacht habe. Mit Fragen wie: „Was ist der Sinn unseres Daseins?", „Welche Erwartungen hat das Leben an uns?", „Wie können wir unsere Einzigartigkeit hervorbringen, ohne einen anderen in den Schatten zu stellen?.", „Wie sieht eine gerechte Gesellschaft aus?", „Ist das Leben mehr als das, was wir mit unserer Wahrnehmung aufnehmen?", „Mit welcher Mission bin ich auf die Welt gekommen?" „Welche Eigenschaften hat ein guter Mensch?" „Wie weit muss ich gehen, um die Freiheit gänzlich zu spüren?" „Was ist Glück und wie lange hält es?" „Was steckt alles in der Liebe?" „Gibt es tatsächlich einen Gott?" „Wie fühlt sich der Tod an?" habe ich immer nach Antworten gesucht und sie in meine verträumte Welt eingebaut, um ein Fundament für meine Existenz aufzubauen. Einige Fragen konnten aber nie beantwortet werden, da mein naives Herz nicht im Stande war, die Hinterlist und Gemeinheit der Menschen zu verstehen. Denn in meiner kindlichen Welt gab es keinen Platz für diese.

Die Sonne zeigte sich im Ganzen hinter den Bäumen. **Die Natur gab dem Leben und den Menschen erneut die Chance, diese kostbare Zeit zu schätzen und ihr in Würde entgegenzukommen. Jeden Tag aufs Neue bekommen wir die Chance neu anzufangen, neue Wege zu gehen und neue Entscheidungen zu treffen. Das ist ein Geschenk, das wir vielleicht nie bewusst wahrnehmen und in unserem Leben integrieren.**

Nachdem meine Geschwister sich auf den Weg zur Schule machten, beschloss ich auch hinauszugehen, um die Sonnenstrahlen zu genießen, die mir einladend zulächelten.

Das Haus hatte vier Etagen und wir lebten im Dachgeschoss, was es uns erschwerte, die Treppen hinaufzulaufen. Jedes Mal kamen wir verschwitzt, erschöpft und nach Atem ringend an. Die Treppen waren mit einem scharlachroten Teppich von oben bis unten ausgelegt. Man konnte sie majestätisch herunterlaufen. Sie besaß ein Geländer aus Schmiedeeisen und einen Handlauf aus Mahagoniholz. Da ich stark erkältet war und Gliederschmerzen hatte, ging ich die Treppe behutsam herunter, um meinen empfindlichen Körper nicht zu belasten.

Als ich endlich unten ankam und die Außentür öffnete, kam mir ein warmer, sanfter Lufthauch entgegen, der mich für einen Moment gefangen hielt. Ich genoss die Wärme, die sich in meinem Körper verteilte und mich meine Schmerzen für einen Moment vergessen ließ.

Ich blinzelte der Sonne zu und ging weiter, um mich auf der Wiese vor unserer Wohnung hinzulegen. Viele Blumen zeigten ihre Farbenpracht zwischen den hochgeschossenen Gräsern. Für die Hummeln und Wespen wurde die Wiese zu Heimat, da sie von einer Blüte zur nächsten flogen. Inmitten dieser Pracht legte ich mich in die noch taufeuchte Wiese und genoss die Sonnenstrahlen, die mich sanft berührten und entspannten. Hier und da sah ich eine Ameise, die einen Grashalm hochkletterte. Die Vögel zwitscherten zwischen den Bäumen und wirkten sehr harmonisch. Auf einer Blüte ließ sich eine Hummel nieder, um Blütenstaub zu sammeln.

Während ich das Spiel der Tiere und Pflanzen beobachtete, sah ich plötzlich ein blondes Mädchen, dass lachend hinter einem gelben Schmetterling herlief. Sie hüpfte wie der Schmetterling über die Wiese und gab sich alle Mühe, ihn zu fangen. Irgendwann gab sie auf und blieb enttäuscht stehen. Ihr lustiger Blick wanderte über die Ebene, bis sie mich bemerkte und freudig zu mir lief.

Sie sprach mich an, um mit mir weiterzuspielen. Die Lust, etwas zu veranstalten, zeigte sich in ihrer entzückenden Ausstrahlung. Sie erzählte mir von ihrer Katze und den Babys, die diese vor kurzer Zeit bekommen hat. Ihre positive Energie wirkte auch auf mich und meine Stimmung wurde zunehmend heiter. Plötzlich kam sie auf die Idee, in den Garten des Nachbars zu gehen, um die rotbackigen Äpfel zu pflücken, die uns schon von der Ferne Appetit machten.

Da sich niemand im Garten befand, ergriffen wir den Moment, um durch die offene Gartentür zu den Äpfeln zu gelangen. Vorsichtig schlichen wir uns mit langsamen Schritten in den Garten und erblickten das Paradies, das sich hinter der Hecke versteckte. Ein Rosskastanienbaum befand sich mitten im Garten und warf seinen großen Schatten der Hollywoodschaukel zu, die sich gleich nebenan befand. Der Weg zum Haus war mit süß duftenden Rosenbäumen übersät. Zwischen den riesigen Bodenplatten hatten Disteln und Schafgarben ihre Wurzeln gebohrt. Neben einer kleinen Hütte stand eine Feuerschale, die dem Garten ein wohlig warmes Ambiente verlieh. Ich schlenderte umher und entdeckte ein großes, frisches Beet unter einem Glasdach. In der Nähe des Hauses befand sich eine Hängematte dicht an einem Pinienbaum. Der kleine Teich neben dem Erlenbaum war mit einem grünen Algenteppich bedeckt. Die mit Früchten schwer beladenen Apfelbäume bekamen reichlich Besuch von Vögeln. Wir blieben beim ersten Baum stehen und streckten die Hände aus, um Äpfel zu pflücken.

Bevor ich in den ersten Apfel beißen konnte, vernahm ich eine tiefe, laute Stimme, die sich uns näherte. Angsterfüllt und wie festgewurzelt stand ich da und konnte nicht reagieren. Bei jedem Herzschlag glaubte ich, einen dumpfen Knall in den Ohren dröhnen zu hören und zuckte jedes Mal zusammen. In unglaublicher Geschwindigkeit jagten die Gedanken einander und ich geriet in Panik.

Das Mädchen warf die Äpfel vor Schreck weg und ergriff die Flucht, doch der Nachbar erwischte sie gerade noch und gab ihr mit Wucht einen heftigen Schlag ins Gesicht. Weinend lief sie davon und ich stand noch wie erstarrt da. Er wandte sich mir zu, schlug wiederholt mit seiner flachen Hand auf mein Gesicht und zerrte mich an den Haaren, um mich aus dem Garten zu werfen. Das Einzige, was ich vernahm, waren seine schwarzen Stiefel, mit denen er mehrmals gegen meinen Bauch trat. Er schleuderte mich die Treppe herunter und schloss die Gartentür.

Der Aufprall auf den Boden presste mir den Atem aus der Lunge und ich rang verzweifelt nach Luft, bis ich wieder atmen konnte. Ich war vor Furcht überwältigt und stand so unter Schock, dass ich den Schmerz vorerst nicht wahrnahm. Mein ganzer Körper bebte und zitterte, aus meiner Nase floss Blut.

So sehr ich mich bemühte, einen Laut von mir zu geben, es kam nichts aus mir heraus. Die Angst gelangte in mein Bewusstsein und ich machte mir in die Hose. Da lag ich nun auf dem kalten Boden in Urin und Blut. An meiner blutverschmierten Hand kletterte ein kleiner Käfer hoch, um sich an meinem Blut zu bereichern. Zumindest war ich nicht mehr allein.

Meinen Blick richtete ich zum Himmel hoch und ich sah einen silbern schimmernden Vogelschwarm, der wie eine V-Formation aussah. Die Vögel flatterten an derselben Stelle, als würden sie mir zurufen. Plötzlich hörte ich einen Hund in unmittelbarer Nähe bellen und sah einen alten Mann, der diesen über die Straße führte. Der Hund ließ ein leises Knurren hören, wobei sich zur gleichen Zeit seine Nackenhaare sträubten. So sehr ich mich bemühte, nach Hilfe zu schreien, es war nur ein unterdrückter, würgender Ton zu hören. Ich blieb unentdeckt und schaute den beiden elendig und verzweifelt hinterher.

Wieviel Zeit verging, bis ich gesehen worden bin, kann ich im Nachhinein nicht sagen, aber es hat sich unheimlich lang angefühlt. Da ich dicht neben der Mauer lag, konnte man mich beim Vorbeilaufen nicht sehen. Irgendwann vernahm ich die Stimme meiner Mutter, die weinend zu mir eilte. Sie schaute erschrocken zu mir hinüber und fing an, laut zu schreien. Wie muss ich wohl ausgesehen haben, dass sie so fassungslos und erschrocken war? Bei jedem Atemzug brannten meine Rippen fürchterlich und der Schmerz verteilte sich im ganzen Körper. Sie nahm mich in den Arm und brachte mich ins Haus, um nach mir zu sehen. Nachdem sie festgestellt hatte, dass ich keine ernsthaften Verletzungen davongetragen habe, ließ ihre Anspannung langsam nach. Sie ging mit mir zur Polizei, um Anzeige gegen den Mann zu erstatten. Die Polizisten nahmen ihre Aussage zur Kenntnis, protokollierten alles und versprachen, sich bald wieder zu melden.

In jener Nacht regnete es gewaltig, als ob ganze Flüsse vom Himmel herabfließen würden. Der Wind schleuderte alles durcheinander, was sich ihn in den Weg stellte. Es donnerte und blitzte unaufhörlich. Bei diesem Anblick spürte ich auch meinen inneren Zorn, der sich so gern derartig zeigen würde. Die Beule am Hinterkopf dröhnte wie eine Trommel und ich konnte mich vor Schmerz kaum bewegen. Ich knipste das Licht aus und sank in ein traumloses Meer aus Düsterheit, Einsamkeit und unversöhnlichem Hass.

Nach circa zwei Wochen kam ein Schreiben von der Polizei, wo auf gut Deutsch stand: „Vertragt euch mit euren Nachbarn!" Der Schlag des Manns war nicht so schmerzhaft gewesen wie diese Worte der Polizei. Da meine Eltern neu hier waren und die Gesetze nicht kannten, gingen sie auf die Empfehlung ein und zogen die Anzeige zurück. Im Hintergrund stand auch die Befürchtung in etwas zu geraten, was sie zusätzlich in Schwierigkeiten bringen könnte. Als Ausländer fühlten sie sich sowieso ausgeschlossen und wildfremd in diesem Land. Für sie war das einzige Ziel ein Aufenthalt in Deutschland, um ein sicheres Leben für die Familie zu gewährleisten. Sie wollten mit niemandem in Konflikt geraten, vielmehr waren sie darauf fokussiert, hier Fuß zu fassen und sich ein Leben aufzubauen.

Jeden Tag baute ich Hass auf den Nachbarn auf, weil ich mit seiner Entscheidung nicht zurechtkam. Mit dieser gestauten Energie und dem Druck konnte ich nicht umgehen und suchte verzweifelt nach einem Weg, um beides abzubauen. Von meinen Eltern habe ich mich zusätzlich im Stich gelassen gefühlt, weil sie mir nicht die notwendige Unterstützung gaben. Innerlich war ich sehr wütend auf sie, doch ich konnte dies nie wirklich ausleben, weil ich das Wohlergehen der Familie immer in den Vordergrund gestellt hatte.

Ein wichtiger Lernprozess in der Kindheit ist es, über Emotionen zu sprechen und sie auch zuzulassen. Unterdrückte Gefühle kosten den Körper unnötig viel Energie, die er nicht mehr einsetzen kann, wenn es wirklich erforderlich ist. Zudem tragen wir alles, was wir in unserer Kindheit gelernt haben, ein Leben lang in uns und gestalten dementsprechend unser Dasein nach diesen Aspekten. **Wenn wir im Erwachsenenalter keine Bewusstheit über diese Glaubenssätze erlangen, werden sie unsere Handlungen und Beziehungen immer wieder beeinflussen.**

Dieser Zorn, der mein Leben lahmlegte, zeigte sich in meinen Alpträumen. Immer wieder malte ich mir aus, wie ich das Haus des Nachbars in Brand setzen und dabei die Lust der Rache spüren würde. Natürlich war ich nicht fähig, so etwas zu machen, aber der Gedanke daran stillte für einen kleinen Moment meinen Durst nach Rache. Das Feuer in mir war entfacht und der Groll begann zu überschäumen. Immer wieder spürte ich, wie mich der heiße Zorn übermannte und ich wütend wurde.

Durch Wut fügen wir uns Schaden zu, doch ein anderer hat dieses Gefühl wegen seiner Fehler oder seines Verhaltens ausgelöst. Wir bestrafen uns selbst für das Verhalten eines anderen, indem wir permanent Wut spüren. Das ist auch der Grund, warum wir nicht für positive Ereignisse bereit sind. Wir führen einen Kampf mit der Vergangenheit in der Hoffnung, dass irgendwann eine Entschädigung oder Gerechtigkeit kommt. Die meisten Menschen akzeptieren das Geschehene nicht, weil sie der Ansicht sind, dass sie dadurch den Tätern einen Gefallen tun. Es geht hier aber darum, sich selbst etwas Gutes zu tun, indem wir das Geschehene akzeptieren und loslassen. Solange wir darin gefangen sind, können wir auch keinen Platz für etwas Neues machen. Deshalb ist Heilung von Bedeutung, weil sie uns die Chance gibt, uns auf einer anderen Ebene zu begegnen und Platz für neue Erfahrungen sowie Menschen zu schaffen.

Diese negativen Gefühle waren immer im Kreislauf meines Körpers und meiner Seele. Jahrelang war ich in dieser Wut gefangen, weil ich keine Antwort darauf fand und der Täter ohne Strafe davonkam. Da meine Eltern vorgelebt haben, wie man sich in gewissen Situationen anzupassen hat, um ein Leben ohne Konflikte zu führen, konnte ich meine Wut nicht zeigen.

Dieses Ereignis hat mich so vieles gelehrt, dass ich Dir gerne mitgeben würde. Hass bindet so viel Deiner Energie, die Du für Dich nutzen könntest. Jetzt, da ich diese Zeilen schreibe, spüre ich den Schmerz der Vergangenheit immer noch tief in mir, aber ich kann mich davon befreien.

Befreiung ist auch das richtige Wort für all das, was daran hindert, über uns hinauszuwachsen. Wir haben nicht immer

Einfluss auf unser Leben. Manchmal geraten Dinge außer Kontrolle und wir fühlen uns ausgeliefert. Die Macht, alles zu beeinflussen, haben wir nicht und es ist auch gut so, aber wir können dem Leben die Chance geben, uns auch mit schönen Ereignissen zu überraschen. **Wenn wir jedoch an die Negativität gefesselt sind und alles, was kommt, missbilligend betrachten, wird uns auch nichts Positives begegnen.**

Befreiung bedeutet auch, sich vom Einfluss der Eltern, Familie und des Umfelds zu lösen. Es ist uns nicht immer bewusst, welche Wirkung unsere Familie auf uns hat und mit welcher verankerten Überzeugung wir diese mit auf unsere Reise nehmen. **Hast Du, lieber Leser, Dich schon einmal gefragt, wie sehr unsere Herkunft, Familie und unser Umfeld unser Schicksal bestimmen?**

In meiner Heimat hört man immer wieder diese Sätze: „Deine Eltern wollen doch nur dein Bestes." „Sie haben alles Erdenkliche für dich gemacht, sieh zu, wie du ihren Erwartungen gerecht werden kannst." Ja, natürlich wollen die meisten Eltern unser Bestes. Die Frage ist nur: Für wen? Was für meine Eltern gut ist, muss nicht für mich gelten. Was meine Eltern glücklich macht, müssen nicht die gleichen Eigenschaften sein, die mich glücklich machen.

Eltern sehen ihre Kinder als Eigentum und nehmen sich alle Rechte, um sie zu formen und ein Individuum nach ihren Vorstellungen zu erschaffen. Viele haben hohe Erwartungen an ihre Kinder und bestrafen sie mit Liebesentzug, falls sie ihren eigenen Kopf durchsetzen. Dann hört man von Eltern Sätze wie diese: „Wegen dir konnte ich meine Jugend nicht erleben", „Für dich habe ich mein ganzes Leben geopfert", „Wegen dir habe ich mich nicht von deinem Vater getrennt.", „Tag und Nacht habe ich für dich gesorgt, damit es dir an nichts fehlt." Diese Schuldzuweisungen sehen die Eltern als Teil der Erziehung. Kinder streben immer danach, zum Wohl der Eltern zu handeln und sie tun alles, um sie zufriedenzustellen, zu erfreuen und stolz zu machen. Schuldzuweisungsmuster tragen sich durch Generationen weiter. **Das führt dazu, dass man blind für die eigene**

Verantwortung wird. Die Eigenschaften, die wir als Kind bei unseren Eltern abgewertet haben, übernehmen wir aber unbewusst und geben das an unsere Kinder weiter.

Dabei ist die Aufgabe aller Eltern, Kinder in ihrem Leben zu begleiten und nicht, sie zu formen. Der Entscheidungsspielraum und die -freiheit sollten mit jeder Phase ihres Wachstums schrittweise erweitert werden.

Als ich vor Kurzem meinen Vater zum Arzt begleitet habe, weckte ein Bild mit einer Schrift an der Wand meine Neugierde. Ich möchte es auch Dir weitergeben, weil es mich fasziniert und begeistert hat.

„Verwöhne mich nicht!

Ich weiß sehr wohl, dass ich nicht alles bekommen kann, wonach ich frage (Ich will Dich nur auf die Probe stellen).

Sei nicht ängstlich, im Umgang mit mir standhaft zu bleiben! Mir ist diese feste Haltung lieber, weil ich mich sicherer fühle.

Hindere mich daran, schlechte Gewohnheiten anzunehmen. Ich muss mich darauf verlassen können, dass Du sie schon in ihren Ansätzen erkennst.

Weise mich nicht im Beisein anderer Leute zurecht, wenn es sich vermeiden lässt! Ich werde Deinen Worten viel mehr Beachtung schenken, wenn Du zu mir leise unter vier Augen sprichst.

Sei nicht fassungslos, wenn ich zu Dir sage: „Ich hasse Dich!" Ich hasse nicht Dich, sondern Deine Macht, meine Pläne zu durchkreuzen.

Bewahre mich nicht immer vor den Folgen meines Tuns. Ich muss auch einmal peinliche Erfahrungen machen.

Schenke meinen kleinen Unpässlichkeiten nicht zu viel Beachtung. Sie verschaffen mir nur manchmal die Zuwendung, die ich benötige!

Mach keine raschen Versprechungen. Bedenke, dass ich mich schrecklich im Stich gelassen fühle, wenn Versprechen gebrochen werden.

Sei nicht inkonsequent! Das macht mich völlig unsicher und lässt mich mein Vertrauen zu Dir verlieren.

Unterbrich mich nicht, wenn ich Fragen stelle! Dann wirst Du bemerken, dass ich mich nicht mehr an Dich wende, sondern versuche, meine Informationen anderswo zu bekommen.

Sag nicht, meine Ängste seien albern! Sie sind erschreckend echt, aber Du kannst mich beruhigen, wenn Du versuchst, sie zu begreifen.

Versuche nicht, immer so zu tun, als seist Du perfekt oder unfehlbar. Der Schock ist für mich zu groß, wenn ich herausfinde, dass Du es doch nicht bist.

Vergiss nicht, ich liebe Experimente. Ich kann ohne sie nicht groß werden (Bitte halte das aus).

Denke nicht immer, dass es unter deiner Würde sei, Dich bei mir zu entschuldigen! Eine ehrliche Entschuldigung erweckt bei mir ein überraschendes Gefühl der Zuneigung.

Vergiss nicht, wie schnell ich aufwachse. Es muss für Dich sehr schwer sein, mit mir Schritt zu halten, aber bitte versuche es!

Vergiss nicht, dass ich ohne eine Menge verständiger Liebe nicht gedeihen kann. Aber das muss ich dir wohl nicht sagen – nicht wahr?"

Dein Kind

In Umgang mit Kindern ist Empathie das Wichtigste. Wenn man sich in die Situation des Kinds nicht hineinversetzen kann, ist man auch nicht fähig, eine Verbindung herzustellen.

Kinder sollten bedingungslos geliebt und akzeptiert werden. Ein Kind sollte nicht bewertet oder beurteilt, sondern nur wertgeschätzt werden. Erst dann kann ein Kind emotionale Sicherheit entwickeln und Vertrauen zu seinen Eltern aufbauen. Das Kind lernt dadurch, sich frei zu entwickeln und zu entdecken. Es kann somit sein Selbstbewusstsein steigern und selbstständig denken.

Authentizität ist auch ein bedeutender Teil der Erziehung, weil Kinder dadurch lernen, offen und ehrlich mit ihren Gefühlen umzugehen. Sie ermöglicht den Kindern, ihre Bedürfnisse wahrzunehmen und sie zu stillen.

In der Gesellschaft haben Erwachsene hohe Erwartungen an Kinder, wenn es um Respekt geht. Dabei hat dies mit dem Alter nicht zu tun. Kinder sind nicht viel anders als wir Erwachsenen, nur weil sie weniger Erfahrungen gemacht haben. **Dürfen wir deshalb so viel Respekt von ihnen erwarten, aber ihnen selbst gegenüber bestimmend sein?** Kinder Grenzen zu zeigen ist etwas anderes, als über sie bestimmen oder sie ändern zu wollen. Sie verdienen den gleichen Respekt wie Erwachsene. Nur weil sie machtlos sind, dürfen wir das nicht zu unseren Gunsten ausnutzen.

Wenn ein Kind brav und lieb ist, macht das die meisten Eltern stolz. Wenn das Kind ihnen gehörig ist und alles tut, was die Eltern verlangen, wird das aber kein selbstständiges Kind. Das ist für die Entwicklung verheerend. Diese Kinder ignorieren ihre eigene innere Stimme, bis sie sie irgendwann nicht mehr hören und auf die Eltern und Umgebung angewiesen sind.

Wenn Kinder alles tun, um ihre Eltern zufriedenzustellen, wo bleibt ihre eigene Identität? Von diesen Fesseln sollten sich Eltern befreien und Kindern den nötigen Freiraum geben, damit sie sich entfalten können. Kinder dürfen auch laut sein und rebellieren.

Unschuld ist die Jungfräulichkeit der Seele habe ich irgendwo gelesen. Da ist etwas Wahres dran. Wir alle kommen mit einer reinen Seele auf die Welt. Das Verhalten unserer Eltern gibt uns die ersten Informationen über die Richtlinien des Überlebens. Da wir noch unwissend in unserer kleinen verträumten Welt sind, richten wir uns nach unseren Eltern, um das Leben zu verstehen und zu gestalten.

Weil unser Instinkt darauf ausgerichtet ist, weiterzukommen, lernen wir früh genug, uns anzupassen. Im Lauf unseres Lebens durchlaufen wir verschiedene Stadien, die uns in unserer persönlichen Entwicklung immens beeinflussen. **Durch die Schuld der anderen werden wir irgendwann zu Schuldigen, um das Überleben zu sichern und mithalten zu können.**

Wenn wir uns jedoch bewusst entscheiden, unser Leben nach unseren eigenen Vorstellungen aufzubauen, können wir ein freies Leben führen.

Die Seele ist zwar keine Jungfrau mehr, aber wir können aus ihren Erlebnissen neue Steine legen, die für einen anderen Menschen zum Wegweiser und zur Hoffnung werden können. Aus den Ereignissen, die uns verletzt haben, können wir Kraft schöpfen und eine neue Sicht auf das Leben gewinnen. So wie in Japan gebrochene Gegenstände mit Gold und Silber überzogen werden und dadurch an Wert gewinnen, kann uns das mit unseren Verletzungen gelingen. Somit wird aus Schuld andere Emotionen: Hoffnung und Mut.

Es liegt ganz in unserer Hand, wie wir mit den Steinen, die uns in den Weg gelegt worden sind, umgehen, wenn wir gefordert werden, eine Entscheidung zu treffen.

„Ich bin der Dichter der verletzten Seelen,
der Menschen, die ihre Stimme verloren haben und sich
schwertun, sich auszudrücken",

sagte der kurdische Dichter Memed Uzun.

Dieses Buch hat die Aufgabe, Hoffnung, Mut und Liebe an Menschen weiterzugeben, die den Glauben an sich selbst verloren haben. Es soll besondere Menschen wie Dich daran erinnern, wie einzigartig und auserwählt sie sind.

Es gibt da draußen viele andere Menschen, die darauf warten, von Dir gesehen zu werden. Verschwende Deine Zeit nicht damit, eine Mauer zu bauen. Das Leben bietet uns so viele Möglichkeiten, aber wenn alle Wege nicht zu uns führen, müssen wir hinterfragen, was wir dem Leben anzubieten haben. Vielleicht ist die Mauer auch in Zeiten gebaut worden, in denen wir von den falschen Menschen umgeben waren. Wenn diese noch in unserem Leben sind, sollten wir uns fragen, ob eine Trennung nicht die beste Antwort wäre.

Wenn Du wissen willst, ob die Person, mit der Du gerade Zeit verbringst, die richtige ist, beobachte Dich selbst das nächste Mal genau, ob Du in diesem Moment die richtige Person für Dich bist. Genauer gesagt: Wie fühlst Du Dich in der Gegenwart dieser Menschen? Welches Gefühl zeigt sich verstärkt in Deinem Bewusstsein? Fühlst Du Dich eher im Hintergrund? Wie sieht es mit der Angst aus? **Bist Du mit Dir im Reinen oder befindest Du Dich gerade in einem Kampf?**

Es gibt Menschen in unserem Leben, die ständig nörgeln und Kritik an uns üben. Sehr oft sind es jene, die mit ihrem eigenen Leben unzufrieden sind und sich erst auf diese Weise besser fühlen. Sie versuchen durch so ein Verhalten, die Sinnlosigkeit ihres eigenen Lebens auszublenden. Mit ihren Nadelstichen und Dreistigkeiten stellen sie sich uns immer in den Weg, um unsere Selbstachtung zu sabotieren. In uns entsteht folglich der Drang, diesen Personen etwas beweisen zu müssen, um die gewünschte Anerkennung zu bekommen.

Sie rufen in uns eine gewisse Unsicherheit hervor, wodurch wir uns schutzlos fühlen. Wir tun alles Erdenkliche, um Bestätigung oder eine Zustimmung zu bekommen. Es ist ein Lauf im Hamsterrad, weil wir nie das Gefühl bekommen, genug bewiesen zu haben. **Sich ständig im Kampf zu befinden, erfordert aber viele emotionale Kräfte.** Das Verlangen danach ist stark, weil wir innerlich gebrochen und verletzt sind. Im Hintergrund steht die Angst vor Ablehnung und Abgrenzung.

Gerade Menschen, die uns wie Luft behandeln, wollen wir beweisen, wie wertvoll, talentiert, diszipliniert, erfolgreich, beliebt und intelligent wir sind. Wir haben selbst ein falsches Selbstbild und wollen nicht, dass der andere das bemerkt. Im Grunde genommen beweisen wir niemandem etwas, sondern uns selbst.

Wenn wir diesen Menschen die gewünschte Beachtung schenken, werden sie immer einen wunden Punkt an uns finden, um darin zu bohren und uns zu schwächen. Sensible und feinfühlige Menschen fühlen sich dann ausgeliefert und glauben selbst irgendwann an das Negative. Deshalb ist es ratsam, von diesen Menschen Abstand zu gewinnen oder sich zu trennen.

Wenn Du einen Weg findest, mit Dir im Einklang zu sein, ohne das ständige Gefühl, sich beweisen zu müssen, dann hast Du eigentlich schon alles besiegt, vor allem Dein verletztes Ego. Der Weg aus dem Hamsterrad beginnt damit, sich selbst zu sein. Die Unbeschwertheit, die daraus entsteht, gibt uns Kraft, dem Leben in Dankbarkeit zu begegnen. **Auch hier ist das Loslassen der beste Weg zur Erlösung, Leichtigkeit, Ausgeglichenheit, Harmonie, Liebe, Glück, Gleichgewicht, Stille und Frieden.**

Wer nicht fliegen kann, liebt es, die Flügel eines anderen zu brechen. Erlaube ihnen nicht, das bei dir zu tun.

Lege deine Hände auf dein Herz und atme mehrmals tief durch. „Was willst Du wirklich?" „Wonach sehnt sich Dein Herz?" „Was würdest Du gerne umsetzen, wenn alles möglich wäre?" „Welches Verantwortungsgefühl hindert Dich am Wachsen?" „In welchem Zustand fühlst Du Dich lebendig?" Mit Fragen wie diesen kannst Du zu Dir selbst finden.

Manchmal kennen wir die Antwort, aber es fällt uns schwer, sie umzusetzen. Beim Loslassen z. B. ist es gerade in der Anfangsphase sehr schwer durchzuhalten, weil wir etwas verlieren, das über Jahre zu uns gehört hat. Es entsteht eine Lücke und wir fühlen uns der Leere, die uns umgibt, ausgeliefert. Wenn wir aber gerade in dieser heiklen Zeit durchhalten, werden wir langfristig dafür belohnt. Das Fundament für ein erfülltes Leben beginnt genau in dieser Phase. Die wohltuende Erleichterung danach wird uns guttun und wir werden mehr Schwung, Freiheit und Lebensfreude gewinnen.

Lass jeden los, der Dir nicht mehr guttut. Durch Loslassen gebe ich mir die Chance, ganz bei mir zu sein, ohne einen Kompromiss einzugehen. Je mehr ich loslasse, was nicht mehr zu mir passt, umso besser kann ich mein „Sein" entfalten und meine Wahrheit aussprechen. Je mehr ich loslasse, was mich davon abhält, meinen Träumen nachzugehen, umso mehr gewinne ich an Selbstsicherheit. Durch Loslassen gebe ich mir die Chance, mehr aus mir zu machen. Alles, was ich loslasse, gehört irgendwann nicht mehr zu mir. Loslassen ist ein Weg zur Vollkommenheit.

Denn wir werden verstehen, dass alles, was wir krampfhaft versuchen zu erzwingen, uns niemals in einen Glückszustand bringen kann. Je mehr wir das tun, was unser Herz nährt, umso mehr gewinnen wir an Selbstvertrauen.

Wie der Winter den Frühling umarmt, um die Natur zu neuem Leben zu erwecken, so ähnlich ist es auch mit unserer Heilung. In uns macht sich Aufbruchstimmung bereit und die Lust zum Erwachen wird entfacht.

Nach langer Zeit kann ich behaupten, dass es sich nicht schmerzlich anfühlt, wenn ich an mich denke, vielmehr spüre ich die Befreiung meiner Seele, was sich wie ein sanfter Windhauch anfühlt.

Die Schwere der Verletzungen hat ihren Platz der Leichtigkeit übergeben und ich fühle mich von den Lasten der Vergangenheit befreit. Die Verbindung zu mir wächst mit jedem richtigen Schritt, für den ich mich entscheide. Erwartungen an andere habe ich kaum, weil ich selbst in der Lage bin, für mich einzustehen und meine Wunden zu heilen. Ich bevorzuge nicht mehr, jemanden für mein Schicksal verantwortlich zu machen.

Ich bin da, wo alles angefangen hat, in meiner Kindheit. Die Mission, die das damalige Kind in sich getragen hat, spüre ich jetzt enorm.

Das Mädchen trägt Liebe in sich, die für die ganze Erdbevölkerung reichen wird. Lange genug war diese im Schatten von Angst, jetzt darf sie endlich ihre Erfüllung finden. Was ist Deine Lebensabsicht, lieber Leser?

In der Gegenwart einiger Menschen kann ich es nicht mehr aushalten, weil ich eine enorme Enge im Brustkorb spüre, die mir das Atmen erschwert. Die Frage, warum es früher nicht so war, liegt daran, dass ich mich selbst geleugnet habe. Selbstverleugnung ist auch ein Schutzmechanismus, weil wir nicht gelernt haben, uns so anzunehmen wie wir sind.

In der Gegenwart dieser Menschen kann ich nicht aufgehen. Es gibt dann nur zwei Möglichkeiten, die mir geboten werden. **Entweder ich spiele die Rolle, die von mir erwartet wird, oder ich verschließe mich und bleibe im Hintergrund.** Ein bewusster Mensch kann keinen Kompromiss eingehen, weil er die eigene Wahrheit kennt.

Jetzt fühle ich mich als wertvolle Person, die ihren wahren Kern zum Entfalten bringt sowie ihre Talente, Eigenschaften und Vorzüge zum Leben erweckt. Das wiederum verstärkt mein Selbstbewusstsein und das Bild von mir selbst.

Ich bin fähig zu erkennen, woran es gescheitert ist. Es ist mir jetzt bewusst, mit welchen Menschen ich mich wohl fühle und welche eine Bereicherung sind. Genauer gesagt; ich habe mich und andere aus meinem Umfeld erkannt und wähle ein bewusstes Leben nach meinen eigenen Vorstellungen und Präferenzen. Mein Leben und mein Dasein sind kostbare Geschenke, die ich nicht mehr unnötig für die falschen Menschen verschwenden werde.

So wie jede andere Person auf diesem Planeten bin ich es wert, mein Leben selbst zu gestalten. Ich bin mir zu schade für Menschen, die mich nur als Pflaster benutzt haben. **Irgendwann, irgendwo, irgendwie und vielleicht mit irgendjemandem werde ich meine Heimat finden, wenn ich mich entscheide, für mich selbst die Heimat zu sein.** Meine Zeit, meine Güte, meine Liebe und meine Aufmerksamkeit sind einfach zu schade für Menschen, die diese nicht zu schätzen wissen. Sie sind für Menschen bestimmt, die eine andere Vision in sich tragen und sich nach einem anderen Horizont sehnen.

Es ist nicht meine Absicht, bis zum Ende meiner Tage ein Leben in Elend zu führen. Dafür bin ich mir einfach viel zu viel schade. Meine einzig wahre Aufgabe ist es, meinem Herzen zu folgen, damit es mich in meine Heimat bringt. Lange genug habe ich mich sabotiert, indem ich auf die Stimme der anderen anstatt auf jene meines Herzens hörte.

Es war eine sehr harte Zeit für mich sowohl vor als auch während und nach der Heilung. Die Strapazen der Vergangenheit loszulassen und mich aus dieser Gefangenschaft zu befreien, war alles andere als leicht, aber es hat sich allemal gelohnt und ich bin zutiefst dankbar dafür, dass ich endlich den Weg zu mir gefunden habe. Jedem Menschen, der sich in dieser Welt wie Falschgeld fühlt, würde ich empfehlen, den ersten Schritt der Selbstbefreiung anzugehen, um ein erfülltes Leben nach seinen eigenen Vorstellungen zu führen.

Meines Erachtens ist der schwierigste Teil die Selbstannahme, weil wir uns jahrelang selbst fremdgegangen sind. In dieser heiklen Phase ist es wichtig, die eigenen Stärken und Talente in den Vordergrund zu bringen und sie zu fördern, um Selbstvertrauen aufzubauen. Das, was uns in dieser Zeit Sicherheit und Halt geben wird, ist, sich dieser Stärken bewusst zu werden und sich ruhig auch einmal auf die Schulter zu klopfen.

Ein weiterer wichtiger Teil dieser Arbeit ist es, die Ohren für Menschen, die unsere Entscheidungen ausreden wollen, zu schließen. Passend dazu habe ich hier eine Geschichte:

Eines Tages entschieden die Frösche, einen Wettlauf zu veranstalten. Um diesen besonders schwierig zu machen, legten sie als Ziel fest, auf den höchsten Punkt eines großen Turms zu gelangen. Am Tag des Wettlaufs versammelten sich viele andere Frösche, um zuzusehen. Dann endlich begann der Wettlauf.

Nun war es so, dass keiner der zuschauenden Frösche wirklich glaubte, dass auch nur ein einziger der Teilnehmenden tatsächlich das Ziel erreichen könne. Statt die Läufer anzufeuern, riefen sie also „Oje, die Armen! Sie werden es nie schaffen!" oder „Das ist einfach unmöglich!" oder „Das schafft ihr nie!" Wirklich schien es, als sollte das Publikum Recht behalten, denn nach und nach gaben immer mehr Frösche auf. Das Publikum schrie weiter: „Oje, die Armen! Sie werden es nie schaffen!" Dann gaben bald alle Frösche auf, bis auf einen einzigen, der unverdrossen den steilen Turm hinaufkletterte und das Ziel erreichte.

Die Zuschauerfrösche waren vollkommen verdattert und alle wollten von ihm wissen, wie das möglich war.

Einer der anderen Teilnehmerfrösche näherte sich ihm, um ihn zu fragen. Da merkten sie erst, dass dieser Frosch taub war!

Diese Geschichte zeigt uns, wie wichtig der Glaube an sich selbst ist, wenn wir auf unsere innere Stimme hören.

Lass nicht zu, dass irgendwelche Menschen Deine Arbeit, Deine Ansicht zum Leben, Deinen Blick für das Wesentliche und Deine Liebe kritisieren oder kleinreden, nur weil sie einer anderen Ansicht sind und mit einer anderen Vision durchs Leben gehen. Du allein kennst die Antwort und kannst ohne äußere Einflüsse folgen.

Es ist nie zu spät, der/die zu werden, der/die man hätte sein können. Viele gehen nach ihrem Verstand, um ein sicheres Leben zu gewährleisten, einige folgen ihrem Herzen. **Sei Du die Person, die ihrem Herzen folgt.**

„Alles, was du dir vorstellen kannst,
kannst du auch erreichen."

Walt Disney

Affirmationen

Affirmationen sind bewusst formulierte Sätze, die uns helfen, positive Gedanken zu bilden. Durch Affirmationen geben wir unserem Unterbewusstsein eine neue Orientierung.

Viele Verhaltensmuster entspringen den Gedanken. Wenn wir die Kraft finden, unsere Gedanken durch Affirmationen zu ändern, können wir auch unsere Gefühle und Handlungen beeinflussen.

Folgende Affirmationen können uns helfen, unser Selbstbewusstsein zu stärken und ein achtsameres Leben zu führen.

Es darf auch leicht gehen!

Genauso, wie ich bin, bin ich richtig!

Ich darf meinen eigenen Weg gehen!

Ich liebe und akzeptiere mich so wie ich bin!

Ich erkenne meine Stärken und Schwächen. Sie machen mich vollkommen!

Ich bin stark genug, um mein Leben positiv zu verändern!

Ich verfüge über alles, was ich für mein Leben und meine Ziele brauche.

Ich darf gut für mich sorgen!

Ich verzeihe mir selbst und kann die Vergangenheit loslassen!

Ich darf *Nein* sagen.
Ich verdiene es, glücklich zu werden.
Ich darf Fehler machen.
Ich lerne jeden Tag von mir selbst.
Ich vertraue den Signalen meines Körpers.
Ich ruhe in mir selbst und sehe mich mit Güte.
Ich glaube an mich selbst.
Ich bin einzigartig.
Ich feiere meine kleinen Fortschritte.
Ich wachse jeden Tag über mich hinaus.
Ich verurteile mich nicht.
Ich höre auf meine Intuition.
Ich bin ein Geschenk für alle, die es zu schätzen wissen.

„Sich selbst zu lieben ist der Beginn
einer lebenslangen Romanze."

Oscar Wilde

Dieses Gedicht habe ich geschrieben, als ich zum ersten Mal gespürt habe, dass ich nicht mehr Glück im Außen anstrebe.

Ich bin glücklich, weil ich nicht mehr mitten im Meer flehend nach Hilfe rufe und mich bemitleide, sondern aus eigener Kraft zum Ufer schwimme und mich schützen kann.

Ich bin glücklich, weil ich meinen wahren Weg erkannt habe und selbst entscheide, mit wem ich ihn gehe.

Ich bin glücklich, weil ich mich selbst motivieren kann, ohne Erwartungen an andere zu haben.

Außerdem bin ich glücklich, weil ich endlich auf mein Herz höre und ihm folge. Dieser Weg ist nicht einfach und es erfordert Mut, einen Entschluss zu fassen. **Er ist viel mit Schmerz verbunden, aber ist der richtige Weg zur Freiheit.**

Früher dachte ich, irgendwann kommt mein Retter, holt mich aus dem erbärmlichen Leben heraus und bringt mich in meine Heimat. Diese Person hatte die ehrenvolle Aufgabe, mir all das zu geben, was ich gebraucht habe. Dieser Mensch hält meine Hand fest, führt mich ins Land der Liebe und schützt mich in jeder Lebenslage. Früher habe ich immer davon geträumt, wie dieser Held mich auf seiner Reise mitnehmen und mir alle Türen zur Freiheit öffnen würde. **Ich habe elendig darauf gewartet, dass ein anderer Mensch die Verantwortung für**

**mein eigenes Leben übernimmt und mir alle Unannehm-
lichkeiten wegnimmt, die mich belasten**.

Jeder neue Mensch, der in mein Leben trat, bekam diese *würdevolle* Aufgabe, über mein Schicksal zu entscheiden. Der Wunsch, alles von dieser Person zu bekommen, stand im Hintergrund. Ich war der vollen Überzeugung, dass irgendwann der Richtige kommen wird und mir all das gibt, was ich mir sehnlichst gewünscht habe.

Jegliche Verantwortung über mein Leben gab ich einem anderen Menschen in der Hoffnung, dass dieser mein Leben retten würde.

Nach so vielen Enttäuschungen und Verletzungen, die ich im Laufe meines Lebens erlitten habe, wollte ich endlich belohnt werden. Die Person, die in mein Leben kommen sollte, hatte die Chance, mir zu beweisen, dass es auch gute Menschen gibt. Jahrelang trat ich mit großen Erwartungen an andere heran und wartete verzweifelt auf ein Zeichen, aber es kam nie der Richtige.

Irgendwann verstand ich, dass nur ich selbst dieser richtige Mensch sein kann. **Denn wenn ich mir selbst die Hand nicht halte sowie Vertrauen und Liebe schenke, kann es auch kein anderer.** Ich muss bei mir anfangen, mich vor den Spiegel setzen und mich mit all dem auseinandersetzen, wovor ich jahrelang davongelaufen bin. Das erfordert auch, sich gründlich mit den eigenen Fehlern zu befassen und alles, was unter dem Teppich gekehrt worden ist, noch einmal zu reflektieren. **Aufarbeiten ist auf keinen Fall leicht. Es erfordert viel Mut, aber das Aufschieben ist viel herausfordernder, weil unser Päckchen zunehmend schwerer wird und wir kaum Kraft finden, um weiterzutreiben.**

Warum sind wir nicht unsere eigenen Helden und retten uns selbst? Woher kommt es, dass wir immer im Außen nach einer Antwort suchen? Kann uns im Außen eine Antwort zufließen, die wir nicht bereits in unserem Inneren kennen? Warum suchen wir ständig die Antwort bei unserem Verursacher? Sind wir Feiglinge, die es sich in der

Opferrolle gemütlich gemacht haben? Haben wir Angst vor Veränderungen und hindern uns selbst am Wachsen?

Aus eigener Erfahrung kann ich sagen, dass das Auspacken eine große Erleichterung mit sich bringt. Jetzt erkenne ich meinen Wert und kann mir selbst ein guter Freund sein. Zum ersten Mal habe ich diese innige Beziehung zu mir und fühle mich wohl in meiner Haut und Seele.

Früher habe ich mich selbst nicht geliebt, nicht respektiert, abgelehnt oder ungerecht behandelt gefühlt. Es war immer eine Erwartung da, in deren Rahmen ich mir sehnlichst gewünscht habe, sie würden anders mit mir umgehen. Ich habe immer darauf gewartet, dass sich die anderen verändern, damit es mir dadurch besser geht. Die Wahrheit war aber eine ganz andere. Das, was ich im Außen erlebt und gespürt habe, waren meine eigenen Bewertungen. Denn ich habe mich selbst so gesehen, folglich bekam ich das auch zurück. **Ich war verlassen, und zwar von dem wichtigsten Menschen, den ich immer an meiner Seite gebraucht habe: von mir selbst.**

Wenn wir ein glückliches und erfülltes Leben führen wollen, brauchen wir die Freundschaft mit uns selbst. Wir können erst der Partner eines anderen werden, wenn wir uns selbst und dem Leben ein Partner sind. **Eine gute Freundschaft muss auf Liebe beruhen: Sei Du die Person, die diese sich selbst gibt.**

„Es ist nicht genug zu wissen – man muss
auch anwenden. Es ist nicht genug
zu wollen – man muss auch tun."

Johann Wolfgang von Goethe

Vor Kurzem habe ich mir den Film „Ruf der Wildnis" von Jack
London angeschaut, der mich wirklich tief berührt hat. Es erzählt
die Geschichte eines jungen Manns, der im Jahr 1890 im kana-
dischen Yukon mit seinen Weggefährten nach Gold sucht. Am
Ende seiner Abenteuerreise entdeckt er es auch, doch er schüttelt
seine Goldbeutel, die er mühsam gesammelt hat, wieder zurück
in den Fluss und beendet den Film mit den folgenden Sätzen:

„Ich kehre nicht mit prallen Beuteln mit Gold zurück, aber
ich bin viel reicher als damals, als ich hier ankam.

Ich habe Reichtum in anderen Dingen gefunden.

In einem warmen Feuer bei eisiger Kälte.

In der majestätischen Schönheit der schneebedeckten Gip-
fel und der Kameradschaft eines edlen Hunds.

Der Liebe einer schönen Frau und in der Kraft und Freundschaft eines weißen indianischen Führers und Beraters.

Das sind die Schätze, die ich aus diesem Land mitnehme.

Ich fühle mich wie der reichste Mann der Welt."

Das Wort *Erfolg* definieren viele Menschen unterschiedlich
und es ist auch gut so, denn wir sind nicht gleich und verfolgen
nicht das gleiche Ziel.

Das Erfolgsbild, das aus Geld, Reichtum, Macht und Ruhm
besteht, spiegelt nicht alle Erwartungen der Menschen. Viele er-
hoffen sich durch materielle Dinge wie z. B. eine teure Marken-
uhr Glück und Erfüllung. Die Gesellschaft verfolgt ein falsches

Erfolgsbild, das bewusst durch die Medien gesteuert wird, um eine konsumierende Gesellschaft zu schaffen. Dabei ist Erfolg etwas, was wir in unserem Inneren spüren und was im Außen nicht zu finden ist.

Die eigenen Ziele zu verfolgen und seinen individuellen Lebenstraum zu erfüllen, bringt Erfolg und Glück mit sich. Doch die meisten streben nach einem Leben, das andere von ihnen erwarten.

„Erfolg ist kein Glück, sondern nur das Ergebnis von Blut, Schweiß und Tränen", sagt der Rapper Kontra K in seinen Texten. „Erfolg ist ein positives Ergebnis einer Bemühung.", schreibt der Duden. „Erfolg ist nicht nur das Resultat einer Entscheidung oder Weichenstellung, sondern eher eines Aufbruchs, durch dem eigenen Tun und Schaffen eine entscheidende Richtung gegeben wird", sagt die Philosophie.

Wie würdest Du Erfolg beschreiben?

Es gibt Menschen, die ihre eigenen Unsicherheiten durch materielle Dinge überdecken, um ihr Selbstbewusstsein zu stärken. Folglich entsteht immer eine Lücke, wenn diese nicht in bestimmten Abständen gestillt werden kann. Diese Menschen bilden sich ein, mehr Anerkennung und Respekt von anderen zu bekommen. Die innere Unsicherheit ist jedoch ein Zeichen eines Mangels. Sie sehnen sich Erfüllung, was durch materielle Dinge nicht befriedigt werden kann.

Für mich persönlich ist Erfolg, Mut zur Veränderung zu haben, um ein Leben nach eigenen Vorstellungen aufzubauen, bei sich selbst anzukommen und zu bleiben. Der Versuch, die innere Leere durch die äußere Welt zu füllen, kann niemals die Seele zum Schweigen bringen. **Denn sie ist reines Bewusstsein und strebt immer nach Vollkommenheit.** Sie will Liebe, Fülle und Leidenschaft für das Leben. Dein Leben ist in Deinem Zuhause, es wartet nur darauf, von Dir gesehen zu werden.

Dein Zuhause ist bereits in Dir angelegt, Du musst nur den Schalter finden, der diesen Raum zum Leuchten bringt.

Erfolg kann auch ein Tag sein, an dem wir einen Menschen glücklich gemacht haben.

Erfolg kann ein schöner Frühlingsmorgen im Wald sein, wo man der Natur zusieht, wie sie zum Leben erwacht und wie sie uns all ihre Schönheit zur Verfügung stellt.

Erfolg bedeutet auch, nach so vielen schmerzhaften Erfahrungen immer noch Liebe geben zu können.

Erfolg ist ein bewusstes Leben, das uns unseren wahren Kern vor Augen führt und uns die Chance gibt, unserer Mission auf dieser Welt nachzugehen. Meine Mission an dieser Stelle ist: **Menschen in Liebe entgegenzukommen und sie an ihr eigenes Herz zu erinnern.**

Die Zeit ist begrenzt, aber unsere Wahrnehmung und Träume sind es nicht. **Alles, was wir bewusst entscheiden und tun ist ein großer Erfolg, denn das öffnet uns die Tür zu unserer eigenen Identität.**

„Die schönsten Erinnerungen sind stets Erlebnisse,
für die man sich Zeit genommen hat. Ich weiß genau,
dass ich immer durchs Leben gehetzt bin, zu viel
Ungeduld und Rastlosigkeit im Gepäck gehabt,
zu viele Chancen verpasst und zu viele wertvolle
Menschen im aufgewirbelten Staub übersehen habe."

Charles Kuralt

Heutzutage befinden sich die meisten Menschen in Hektik und Alltagstrubel. Sie sind permanent damit beschäftigt, eine Aufgabe nach der anderen zu erledigen und verpassen somit das Wesentliche im Leben. Da sie ständig unter Zeitdruck sind, können sie nie so richtig herunterkommen. Wenn etwas nicht wie geplant läuft, geraten sie in Panik und Rage. Umso wichtiger ist es, Momente der Stille zu erschaffen, um Ruhe zu tanken und entspannter zu werden.

Seit ich mich intensiver mit der Natur befasse, merke ich erst, wie viel Ruhe mir gefehlt hat. In der Natur kannst Du den leisen Tönen lauschen und dabei den großen Lärm im Alltag vergessen. Das Laub raschelt unter Deinen Füßen, die Sonne streichelt Deine Seele, die Vögel zwitschern zwischen den Bäumen und der Wind streicht leicht durch die Baumwipfel. Meine Leidenschaft, Fotos zu machen, ist auch hier entstanden. Die verschiedenen Arten von Käfern, Schmetterlingen, Grashüpfern und Ameisen zu fotografieren, bereitet mir unheimlich viel Freude und ich blühe dabei auf. **Ihre Welt zu beobachten, zu verstehen und ein Teil von ihnen zu sein, ohne ihre Ordnung zu zerstören, ist ein Segen, den ich zu schätzen weiß.**

Ein bewusstes Leben erfordert auch, auf seine Gesundheit zu achten und sie zu würdigen. Ungesunder Stress belastet uns auf lange Sicht und raubt uns Energie und Kraft, die wir für etwas Besseres nutzen können.

88

Wahrnehmungs- und Achtsamkeitsübungen können uns auch dabei helfen, alle unsere Sinne zu aktivieren, um das Geschenk der Natur wahrzunehmen. Unser Tastsinn kann trainiert werden, indem wir z. B. mit unserer Hand über das weiche Moos streichen, das auf Steinen in der Nähe von Gewässern liegt. Vielleicht entdeckst Du bei einem Spaziergang im Wald eine Brombeerhecke, an der Du Deinen Geschmackssinn anregen kannst. Der erfrischende, harzige Duft von Nadelbäumen kann beruhigend und entspannend auf uns wirken. Vogelgezwitscher zu belauschen ist auch eine schöne Art, um zu entspannen. Denn der Vogelgesang kann Ängste mildern und zu mehr Ausgeglichenheit führen.

Die Heilkraft der Bäume ist wissenschaftlich belegt und es wird empfohlen, regelmäßig einen Waldspaziergang zu machen, um Terpenoide zu tanken und Stresshormone zu reduzieren. Terpenoide sind Naturstoffe, die in Pflanzen wie Eukalyptus, Pfefferminze, Zitronengras, Zitronenbaum und Thymian stecken. Sie besitzen auch Eigenschaften, die Krebszellen abtöten. Das Glückshormon Serotonin wird zusätzlich dabei ausgeschüttet.

Wer geduldig und gelassen durchs Leben geht, kann mehr in der Gegenwart bleiben und schöne Momente wahrnehmen, die man im gestressten Zustand nicht erkennen würde. Geduld ist auch das Akzeptieren eines Zustands, den man nicht beeinflussen kann.

Zum Durchatmen und um Ruhe zu finden, gibt es immer einen Platz, wir müssen nur wissen, wo dieser ist. Unter einem Baum oder auf einem Berggipfel zu sitzen wären für mich z. B. die optimalen Orte, um zu mir zu finden und Ruhe zu tanken. Sie können befreiend oder heilsam wirken.

Gerade bei einem Heilungsprozess sind Ruhe, Geduld und Gelassenheit von großer Bedeutung, weil wir erst dann einen Bereich verarbeiten können. Die Seele braucht Zeit, um Vertrauen und Sicherheit zu entwickeln. Man kann die Heilung nicht beschleunigen, sie braucht ihre individuellen Entwicklungsetappen.

„Der Weg zu allem Großen geht durch die Stille", sagt Friedrich Nietzsche. Dieses Zitat war in den letzten Jahren ein großer Hoffnungsschimmer, da es um die Menschheit sehr ruhig geworden ist. Ein Virus hat das Leben aller auf dem Kopf und uns vor neue Herausforderungen gestellt. Die Ausgangssperre sowie alle anderen Maßnahmen, die erlassen worden sind, um das Virus zu minimieren, haben unser Leben eingeschränkt und verändert. Das Leben hat eine Auszeit eingelegt und uns auf die Probe gestellt. Für die meisten von uns war diese Zwangspause kaum zu ertragen, doch genau in diesem Stillstand bekamen wir die Chance, innezuhalten und uns neu auszurichten. Durch jede Katastrophe, die unsere Lebensumstände verursachen, öffnet sich gleichzeitig eine neue Tür, die uns andere Möglichkeiten bietet.

Wenn wir die Stille zulassen, können wir uns selbst begegnen und neue Wege gehen, die uns zu einer anderen Herangehensweise auffordern. Diese Wege sind düster, sie warten nur darauf, von Dir beleuchtet zu werden. Je mehr Du das Dunkle zum Leuchten bringst, umso näher kommst Du Dir selbst.

Eine chinesische Weisheit besagt: „Je stiller du bist, desto mehr kannst du hören." Hör, wohin dich der Weg führt, hör auf dein Herz!

„Jeder ist ein Mond und hat eine dunkle Seite,
die er niemandem zeigt."

Mark Twain

So wie der Mond hat auch jeder von uns eine dunkle, geheim-
nisvolle Seite, die er kaum jemandem offenbart. Es gibt aller-
dings Menschen, denen ich begegnet bin, die mir nur ihre dunkle Seite gezeigt haben. Zumindest strahlen sie nur diese Seite
aus. Bei jeder Begegnung habe ich mich gefragt, was ihnen wohl
widerfahren ist, dass sie so durch die Welt gehen. Einmal war
es ein Kunde an der Kasse, einmal ein Nachbar, dem ich jeden
Tag begegnet bin. Bei jedem Anblick ist mir ein Schauer über
den Rücken gelaufen und die düstere, dunkle, unberechenbare
Art dieser Personen hat mich immer in Furcht versetzt. Ständig
kreisten meine Gedanken um diese Menschen, um zu verstehen, warum sie so sind. Da ich selbst mit Liebe groß geworden
bin und diese in mir getragen habe, konnte ich das nie nachvoll-
ziehen. Gerade bei unserem Nachbarn war ich davon überzeugt,
ihn durch meine freundliche und zuvorkommende Art irgendwann dahin zu bringen, mich zu begrüßen.

Jedes Mal, wenn ich an seinem Haus vorbeilief und ihn sah,
begrüßte ich ihn mit einem freundlichen Lächeln, um seine Reaktion zu prüfen. Es kam jedoch nie ein Gruß zurück, vielmehr
erfuhr ich Desinteresse und bekam einen wütenden Blick zu-
geworfen, der mich erstarren ließ. Bis ich mich davon erholen
und wieder zu mir finden konnte, dauerte es manchmal Tage.
Schon als Kind war ich davon überzeugt, mit Liebe, Zuversicht
und Freundlichkeit Menschen überzeugen zu können und wur-

de doch immer wieder enttäuscht. Ich konnte nie verstehen, warum manche Menschen kalt und gefühllos waren, und habe mich in der Vergangenheit unbewusst für das Verhalten anderer schuldig gefühlt. Bei diesem Nachbarn war ich irgendwann der Überzeugung, dass er einfach ausländerfeindlich ist und einen freundlichen Umgang vermeidet, um mir klarzumachen, dass ich in diesem Land nichts verloren habe.

Nach mehrmaligen, freundlichen Versuchen gab ich auf, weil ich gemerkt habe, wie mich das wütend gemacht hat. Ich hätte ihn für sein Verhalten anbrüllen oder mit Freundlichkeit weiter machen können, aber ich entschied mich für keine der beiden Optionen.

Es gibt Menschen, die kämpfen, um den anderen davon zu überzeugen, dass Nächstenliebe die richtige Wahl ist. Wenn aber ein Mensch die Entscheidung trifft, so durch die Welt zu gehen, muss man das akzeptieren. Wir können niemanden zu seinem Glück zwingen. Jeder gescheiterte Versuch macht uns selbst unglücklich und wir fangen irgendwann an zu zweifeln, weil wir keine Antwort finden. Bezüglich dieses Nachbarn habe ich nach Jahren mitbekommen, dass er sich bei vielen Menschen so verhält. **Das hat mich sehr erleichtert, weil ich aufgehört habe, den Fehler bei mir zu suchen. Ist es nicht immer so, dass wir uns insgeheim für das Verhalten eines anderen Menschen schuldig fühlen?** Denn ein Mensch, der selbst gebrochen vom Leben ist, versucht immer den Fehler bei sich zu finden.

Im Grunde genommen sollte man erwarten, dass Menschen, die viele Verletzungen davongetragen haben, sich gegenseitig unterstützen und verstehen, doch meist sieht die Realität anders aus. Es gibt nur zwei Unterschiede: Die einen sind verletzt, wählen aber den Weg der Arroganz, um nicht angreifbar zu sein und ihre Schwachstellen zu zeigen oder sich mit ihren Wunden auseinanderzusetzen. **Folglich sind die anderen Menschen ihre Opfer, die mit Selbstzweifeln durchs Leben gehen.** Diese Gruppe der verletzten Menschen schlüpft immer in die Opferrolle, weil ihnen dies vertraut scheint. Sie wehren sich kaum und bleiben im Hintergrund, um nicht aufzufallen. **Sie wurden zu Sklaven ihrer eigenen Schöpfung, der Opferrolle.** Man wird nicht in diese Rolle hineingeboren, aber die Lebensumstände und die ersten Erfahrungen im Leben drängen uns in diese Richtung. Einige bleiben auch im Erwachsenenalter bis zum Lebensende in dieser Rolle, auch wenn sich ihnen ein anderer Weg offenbart. **Das Risiko, Verantwortung für das eigene Leben zu übernehmen, macht ihnen Angst, weil sie es nicht kennen. Sie bleiben in ihrer bekannten, vertrauten und sicheren Opferrolle und lassen ihr Leben von arroganten Menschen bestimmen.**

Traurigerweise benutzten diese Tyrannen, die selbst Schicksalsschläge erfahren haben, ihre Waffen gegen Menschen in der Opferrolle.

Da ich an der Kasse arbeite, begegne ich auch vielen unterschiedlichen Menschen und habe es mir zur Aufgabe gemacht, Liebe an sie weiterzugeben. Wenn jemand aber diese Liebe nicht kennt, wird er sie ablehnen. Unter vielen Kunden ist mir eine Person sehr stark mit ihrer düsteren Art aufgefallen, sodass ich mich kaum traue, diesem Mann in die Augen zu schauen. Es erschreckt mich immer wieder, die dunkle Seele zu sehen. Was müssen diese Menschen wohl durchgemacht haben, dass sie so kalt geworden sind und keine Hoffnungsschimmer in sich tragen. Selbst bei Menschen, die klagen und wütend sind, sehe ich Hoffnung, weil ich tief in ihnen die Sehnsucht nach Liebe erkenne.

Mittlerweile habe ich Bewusstheit darüber erlangt, Menschen nicht mehr verändern zu wollen. Natürlich kann ich nach wie vor meine Menschlichkeit, Freundlichkeit und Liebe an sie weitergeben, aber wie sie damit umgehen, überlasse ich ihnen. Es lohnt sich nicht, sich ständig darüber Gedanken zu machen, warum eine Person ist, wie sie ist. Wenn diese uns nicht gibt, was wir erwarten, müssen wir das akzeptieren. Genauso ist es mit unseren Liebsten. Anstatt Erwartungen zu hegen, sollten wir das Ganze realistisch betrachten. Das Scheitern der anderen sollten wir nicht als unser Scheitern ansehen. Es gibt so viele düstere, angsteinflößende

Seelen auf dieser Welt, denen ich am liebsten nicht begegnen will, da sie mit ihrer Missgunst Schatten auf mein Licht werfen, aber ich kann immer entscheiden, wie ich damit umgehe. **Erich Fromm schreibt passend dazu in seinem Buch: „Wer nicht erschaffen kann, neigt dazu, zu zerstören!"**

„Ich weiß nicht, ob es besser wird, wenn es
anders wird. Aber es muss anders werden,
wenn es besser werden soll."

Georg Christoph Lichtenberg

Früher dachte ich immer, ich muss ständig kämpfen, um etwas
zu erreichen. Bei der Familie, Verwandten und Freunden befand ich mich immer im Kampfmodus. Das Gefühl, nicht gut
genug zu sein, drängte mich dazu. Ich war fest der Ansicht, dass
ich die gewünschte Liebe und Aufmerksamkeit erst verdiente,
wenn ich andauernd etwas bewies. **Aber der Kampf war nie
die richtige Antwort auf all meine Fragen, vielmehr war
er ein Weg, um der Leere zu entkommen und dem Leben
einen Sinn zu geben. Diese unerklärliche Leere in mir, die
sehnlichst nach Offenbarung verlangte, ignorierte ich,
weil ich im Außen nach der Antwort suchte.**
Wenn wir z. B. erkältet sind, versuchen wir nicht, dagegen
zu kämpfen. Wir achten auf unsere Bedürfnisse, die sich besonders in dieser Zeit in den Vordergrund stellen und befriedigen
diese weitgehend. **Wir kommen der Erkrankung entgegen,
aber wir kämpfen nicht gegen sie, denn sie ist schon da.**
So ist es mit allen unseren Lebensumständen.
Rückwirkend sehe ich ein verlorenes Mädchen, das ständig
auf der Suche nach dem Grund für ihr Dasein war. Meine Umgebung und meine Landsleute waren mir immer fremd. Ich habe
mich ihnen nie zugehörig gefühlt. Ihre Themen und die Art, wie
sie die Dinge sahen, haben mich nie interessiert. **Folglich entstanden im Laufe der Jahre Komplexe, die ich verdrängt
habe. Daher fand ich keinen Anschluss im Leben.**

Es hat zwar lange gedauert und seinen Preis gehabt, aber endlich verstehe ich, dass Kämpfen nicht die Antwort auf all das ist. **Es ist schwer, sich selbst einzugestehen, dass man gescheitert ist und Jahre auf dem Holzweg war, um sich zu finden. Alles, was ich im Außen gesucht habe, konnte ich nicht bei mir finden. Folglich suchte ich alles, was ich unbewusst in mir getragen habe, im Außen vergebens.**

Es gab eine Zeit, in der ich vor mir weggelaufen bin, um diesem erbärmlichen Zustand, nicht geliebt zu werden, zu entkommen. Am liebsten wollte ich eine neue Person erschaffen, um einen anderen Platz auf dieser Welt zu bekommen. Nur in meinen Tagträumen habe ich mit dieser heilen Welt für einen Augenblick den Schmerz mit Liebe überdeckt.

Wenn mein damaliges Ich jetzt zu mir hochschauen würde, hätte es diese Sätze ausgesprochen: „Ich bin so stolz auf dich, dass du endlich meine Hand gehalten und den wahren Weg gefunden hast. Es hat lange gedauert und viel Schmerz und Verlust verursacht, aber es hat sich ausgezahlt. Alles im Leben braucht eben seine Zeit. Du hast es geschafft, mich davon zu überzeugen, dass es sich doch lohnt, so zu sein, wie man ist. **Jeder Mensch, der in diese Welt hineingeboren wird, bringt seine eigenen, einzigartigen Schätze mit, mit denen er zu diesem Leben beiträgt. Deine sind ‚Liebe‘ und ‚Aufrichtigkeit‘.** Wenn jeder diese Eigenschaften besitzen würde, wäre die Welt um einiges besser dran. Also sei dankbar dafür.

Menschen, die das Gefühl haben, keinen Platz im Leben zu bekommen, sollten erst einmal lernen, sich selbst anzunehmen, um neue Wege zu erschaffen. **Denn das, was sich in dir verändert, verändert sich auch um dich. Somit ziehst du neue Begegnungen und Menschen an dich, die für dich bestimmt sind.** Das hast du wunderschön gemacht. Es war keine einfache Zeit, weil du dir selbst so lange fremd geworden bist, aber du hast es geschafft. **Eine Tür war das ‚Annehmen‘, eine das ‚Loslassen‘ und die letzte Tür das ‚Willkommen‘.** Willkommen sei die neue Energie, Willkommen das neue Leben, Willkommen das neue Bewusstsein, Willkommen die zweite Chance, das Leben selbst zu gestalten. Willkommen sei die Selbstliebe, Willkommen bist Du selbst. Bleib daran und du wirst zu deiner Heimat. Vielen Dank!"

Allein diese Erkenntnis zeigt mir, wie weit ich gekommen bin. **Das Annehmen ist die schwierigste Phase der Heilung, weil sie wie eine Zwiebelschicht von verschiedenen Mustern verdeckt ist.** Um dahin zu gelangen, macht es Sinn, der Seele die Führung zu geben und sich hinzugeben. **Hingabe ist die Bereitschaft, die Seele fühlen zu wollen.** Auch in dieser Phase habe ich innerlich gekämpft, weil es schwer war, loszulassen. Loslassen, um dahin zu gelangen, wo man angefangen hat. „Kann man nach so vielen Erfahrungen und Verletzungen dahin gelangen, wo man angefangen hat?", höre ich Dich fragen. „Ja, man kann!", wäre meine Antwort. Gerade in den letzten Tagen spüre ich eine Emotion, die mir zwar sehr bekannt ist, aber auch sehr weit zurück erscheint. Ein Gefühl, das ich vergessen hatte.

In der letzten Zeit war ich viel in der Natur und im Garten. Seit einigen Tagen spüre ich ein Gefühl aus meiner Kindheit. Es ist lange her, dass ich das empfinden konnte, aber es hat sich so schön und richtig angefühlt. Dies überzeugte mich erneut davon, auf dem richtigen Weg zu sein. Es war ein Gefühl zwischen der intensiven Wahrnehmung der Natur und der Liebe sowie Zugehörigkeit zu ihr. Ein Gefühl, das sich leicht und doch schwer von Glückseligkeit angefühlt hat. Es hat mich zurück zu den Zeiten, in denen meine Oma noch gelebt hat, gebracht. Da wurde mir bewusst, woher es kam. Aus einer Zeit, in der ich Liebe und Geborgenheit bekommen habe. Meine Oma war in meiner Kindheit eine wichtige Bezugsperson, zu der ich mich immer hingezogen gefühlt und jede Gelegenheit genutzt habe, um bei ihr zu sein. Noch nie zuvor war ich meiner Kindheit so nah wie in den letzten Tagen. Es fühlt sich so richtig schön, erfüllend und befreiend an. **Meine Seele ist geheilt und sehnt sich nur nach Offenbarung. Je mehr ich das tue, was mir guttut, umso mehr spüre ich meine Seele. Je mehr ich loslasse, was nicht zu mir gehört, umso mehr ziehe ich an, was auf mich wartet.**

Es ist Deine Entscheidung, willst Du „Sein" oder „Haben"?

Loslassen ist der zweite wichtigste Schritt und der geht einher mit der Selbstannahme. Wenn wir erst einmal gelernt haben, uns selbst, so wie wir sind und so wie Gott uns gemeint hat, anzunehmen, öffnen sich für uns auch andere Türen.

Eine angewohnte Eigenschaft kann man z. B. loslassen, wenn sie sich nicht mehr gut anfühlt. Einen oder mehrere Menschen kann man loslassen, um Energie für das Richtige im Leben heranzuziehen. Wir sollten loslassen, was sich nicht gut anfühlt und nicht mehr zu uns gehört. Dazu gehört etwas Mut, auch das Risiko, erst einmal allein sein zu müssen. **Das Alleinsein zu ertragen.**

Jetzt gerade befinde ich mich in der letzten Etappe des Loslassens und der ersten Etappe des Annehmens dessen, was die Zukunft mir bringt. Ich bin im Flur, wo es nochmals schwierig wird. Eine Zeit, die viele Fragen mit sich bringt. **Das Wichtigste ist aber: Ich habe mich und vertraue auf meine Entscheidungen. Durch Selbstglaube können wir unserer Vision nachgehen und ein Leben nach unseren eigenen Vorstellungen erschaffen.**

Dankbarkeit ist eine der schönsten
Formen der Wertschätzung.

In jeder Phase unseres Lebens lohnt es sich, Dankbarkeit zu praktizieren, weil sie uns vor Augen führt, was wir für selbstverständlich halten. Gerade in schwierigen Tagen ist es wichtig, sich bewusst zu machen, wofür wir dankbar sein können. **Dankbarkeit ermöglicht es uns, zu feiern, wer wir sind und was wir haben. Sie überwindet negative, toxische Emotionen und ist die Grundlage aller Fortschritte in unserem Leben.**
In sich zu gehen und das Geleistete dankbar entgegenzustehen, steigert unsere positive Haltung und wir gehen die weiteren Schritte mit Leichtigkeit und Zuversicht.

Die Kunst, Dankbarkeit zu üben und sie in unser Leben einbauen, sollte nicht erzwungen, aber vielmehr empfunden werden, mit jedem neuen Tag. Das Leben fühlt sich leichter und unbeschwerter an, wenn wir erst einmal zu schätzen wissen, was uns alles bereichert. Je mehr wir dies bewusst wahrnehmen und dem Leben die richtige Wertschätzung geben, umso mehr ziehen wir das an, was uns guttut.

In den stillen Momenten unseres Lebens offenbaren sich die wichtigsten Schätze. Diese kostbare Stille, die doch so gefüllt ist von Magie, gibt uns manchmal Antworten, auf die wir keine Fragen hatten. Sie gibt uns das, wonach unsere Seele heimlich gesucht hat.
Unser Geist neigt im Allgemeinen dazu, sich an negative Erfahrungen zu erinnern, doch wir können den Tag vor dem

Schlafen nochmals Revue passieren lassen und die schönsten Momente intensiv nachspüren. Was hat mich an diesem Tag gerührt? Was hat mich zum Lachen gebracht? Wer hat mich zum Nachdenken angeregt? In welchem Moment habe ich Liebe intensiv gespürt? Was habe ich heute gelernt? Wen konnte ich heute durch mein Dasein glücklich machen? Welcher Augenblick hat mein Herz zum Hüpfen gebracht? Wodurch wurde ich heute positiv überrascht? Was hat mich zum Wachsen gebracht?

Dankbarkeit öffnet gleich mehrere Türen, da wir alles, was uns widerfährt, anders wahrnehmen und ihm eine andere Bedeutung geben. Sie gibt uns die Möglichkeit zu erkennen, worauf es im Leben besonders ankommt. In dem Moment, in dem wir Dankbarkeit ausüben, wird uns erst klar, was wir alles haben. **Je klarer uns das bewusst wird, umso weniger brauchen wir. Das Wesentliche an Dankbarkeit ist Wissen, Erkennen und Wertschätzen.**

Dankbare Menschen erleben mehr positive Emotionen wie Freude, Fröhlichkeit und Optimismus. Dadurch verspüren sie weniger Eifersucht, Groll, Wut und Hass. Sie gehen auch mit Stress besser um und im Krankheitsfall erholen sie sich schneller.

Durch Dankbarkeit erkennt der Einzelne, dass er im Moment genug Schönes, Positives und Gutes hat. Somit hilft ihm dieses Gefühl, eine positive Perspektive zu gewinnen und es lenkt seine Aufmerksamkeit auf positive Faktoren sowie Entwicklungen.

Die Vergangenheit in Dankbarkeit zu verabschieden, gibt uns auch Kraft, sie loszulassen.

Ich bin dankbar für jeden Menschen, der mir begegnet ist, denn dadurch wurde mir bewusst, wer ich bin. All die Prüfungen, die ich durchgehen musste, haben mich zu dem Menschen gemacht, der ich heute bin. Manchmal denke ich, dass Gott mir die würdevolle Aufgabe gegeben hat, Menschen daran zu erinnern, wer sie sind. Diese Aufgabe zu verstehen, war nicht leicht, denn sie war durch viele schwierige Prüfungen und Hürden gekennzeichnet, die mich immer wieder auf eine harte Probe gestellt haben. Es gab Zeiten in meinem Leben, wo ich den Weg der Boshaftigkeit gehen wollte, um nicht mehr Opfer zu bleiben, aber ich konnte diese Wege nie gehen.

Die Menschen, die am meisten Schmerz und Leid erfahren haben, wissen besser mit Dankbarkeit umzugehen, denn sie haben die andere Seite der Medaille gesehen.

Es war mir eine große Freude, mit Dir zusammen diesen Weg zu gehen. Dieses Buch enthält nur einen kleinen Bruchteil aus meinem Leben, vielleicht sehen wir uns auf einer anderen Reise wieder.

In diesem Sinne wünsche ich dir vom Herzen die Heilung, nach der sich deine Seele sehnt und beende dieses Buch mit diesem Zitat von mir.

Wer zu sich findet, sucht nicht nach anderen!

Gedanken und Sprüche von mir

Die größte Errungenschaft liegt in der Freiheit.
Jahrzehntelang habe ich ohne Erfolg für meinen Platz gekämpft. Jetzt spüre ich, ich muss nicht kämpfen, ich muss nur
Dasein. Wenn Menschen in meiner Umgebung mein Dasein
nicht unterstützen, muss ich Abschied nehmen.
**Loslassen ist mit Schmerz, Trauer und Entzugserschei-
nungen verbunden. Es hört sich zwar einfach an, ist aber
auch ein Prozess des Verlassens und des Neu-Entdeckens.
Loslassen beinhaltet auch, wieder zu sich zu finden, um
das eigene Leben in die Hand zu nehmen.** Loslassen bedeutet, einen neuen Weg zu gehen, der uns erfüllt. Manche Menschen versuchen in dieser Zeit krampfhaft, alte Strukturen,
Menschen und Dinge wieder herzustellen. Sie binden sich daran, weil sie Angst haben, allein zu sein und sich neu orientieren zu müssen.
Man sollte aber diese Leere und Einsamkeit erst einmal dulden und annehmen, um für eine neue Fülle bereit zu sein. **Vielleicht muss man erst diesen Schmerz spüren, um wieder
Freiheit zu erlangen.** Alles ist ein Prozess und dieser verläuft
nicht immer problemlos. **Gerade in der schwierigsten Phase
wachsen wir am meisten.** Weil wir uns von so vielen verab-
schiedet haben, sollten wir auch erst einmal diesen leeren Raum
wahrnehmen und diesen Schmerz zulassen, ohne uns zwang-
haft nach etwas zu orientieren oder zu binden. **Auch die Angst**

wird sich in dieser Phase verstärkt zeigen, weil auch für sie alles Neuland ist und sie uns schützen will. Ihre Botschaft ist gutgemeint, aber sie kann nur auf unsere Erfahrungen zugreifen, sie kennt unsere inneren Sehnsüchte nicht. Diese Leere sollte man erst einmal annehmen, zulassen, spüren. Nach und nach kann man beobachten, was einem guttut und es in diese Leere integrieren. **Diese Leere können wir auch gut nutzen, um uns selbst näher zu kommen.**

Wer der inneren Ruhe und dem Frieden mit sich selbst nah ist, ist auch der Freiheit und der Offenbarung unserer Seele nahe. Je mehr wir das tun, was Gott für uns vorgesehen hat, umso mehr werden wir im Einklang mit der inneren Melodie unserer Seele sein. **Dann werden wir ein Leuchtturm auch für andere.**

Man macht es sich zur Aufgabe, immer zu geben, zu kämpfen und ist fest der Ansicht, dass es dafür irgendwann eine Belohnung gibt. Vielleicht ist man nicht selbstbewusst genug, um sich zu trennen und stellt seinen Wert dem ewigen Kampf gleich. Gewohnheiten sind bequem und geben uns das Gefühl der Sicherheit, die wir als Komfortzone bezeichnen. Wer tatsächlich Veränderung will, muss Opfer bringen und das sind alte Muster.

Der Mensch ist am meisten angreifbar und wehrlos, wenn er am glücklichsten ist. In keinem Zustand sind wir anderen so ausgeliefert. Öffne deinen Seelengarten nicht jedem, denn die Menschen könnten deine Blumen zerstören und ihr Gift sähen. Öffne die schönsten Türen deines Herzens nur jenen, die es zu schätzen wissen.

Wer Frieden nicht in sich findet, wird ihn auch im Außen vergebens suchen.

Es gibt Menschen, die gegen negative Gefühle ankämpfen und sich selbst etwas vormachen, um diese loszuwerden. Ich finde, das ist die beste Chance, um alles zu hinterfragen und die Steine neu zu legen.

Wenn wir das Wunder des Lebens erfahren möchten, müssen wir mit dem Leben zusammen schwingen und uns noch einmal die Chance geben.

Jemand, der immer im Schatten anderer gelebt hat, wird Angst vor seinem eigenen Leuchtturm haben.

Wo auch immer wir uns befinden oder mit wem wir zusammen sind: Unser Körper reagiert. Unterbewusste Signale aus der Seele finden Antworten im Körper. Er kennt die Antwort, bevor wir uns darüber Gedanken gemacht haben.

Sei weder Schatten noch Hindernis im Licht eines anderen.

Ich habe ein Herz, das aus Asche sprießt. Welches Feuer kann mich vernichten?

Was habe ich für Erwartungen an mich? Welche Werte erfüllen meine Seele? Was erwarte ich vom Leben und was kann das Leben von mir erfahren? Als ich im Urlaub im Wasser döste, kamen mir diese Gedanken. Ich tanzte im Wasser und spürte die Schwingungen der Wellen. Ich spürte eine Leichtigkeit, die sich durch meinen Körper bemerkbar machte. Um mich herum sah ich Menschen und lächelte ihnen zu. Meine Nachricht war: Fühlt die Freiheit in euren Zellen und macht euch keine Gedanken über die Meinung anderer. Seid offen und mutig. Zeigt mir etwas von euch! Was kann ich von euch lernen? Mit jeder Schwingung kam mir ein anderer Gedanke: Ich will erkannt und geliebt werden. Ich tanzte unaufhörlich und vergaß alles um mich herum. Währenddessen wiederholte ich Sätze wie: Ich will ein erfülltes Leben, ich will das Glück in allen seinen Farben kosten. Ich will Frieden mit mir, ich will Frieden mit euch. Ich will Lebendigkeit. Ich will Leben.

Solange wir an Schmerzen festhalten, solange werden wir auch Schmerzen erfahren.

Wir werden geheilt, wenn sich unser erwachsener Teil unserem inneren Kind hingibt.

Fallen, aufstehen, kämpfen, besiegen, hoffen, es erneut versuchen, wiederholt einen Fehler machen, aufgeben, fallen, den Grund der Dunkelheit sehen, wieder aufstehen,

hoffen, glauben, lieben, sich verbinden, ein Ziel finden, glücklich sein, falsch liegen, enttäuscht sein, zweifeln, sich selbst am meisten in Frage stellen. Wiedergeboren werden, neu erschaffen, neu sprießen. Genau das ist das Leben. Lebe alles, aber höre nicht auf zu laufen, falle, aber sei nicht zu faul aufzustehen, irre dich, aber habe keine Angst zu lieben. Sei enttäuscht, aber werde nicht müde zu hoffen. Stirb, aber habe keine Angst vor der Auferstehung, solange du leben kannst. Genau das ist das Leben.

Jeder stellt die Meinung anderer über sein eigenes Leben. Andere sind in der Tat deine Fesseln.

Lass nicht zu, dass die Schwäche anderer zu deiner Waffe wird.

Du hast all die schönen Gefühle, die sich in mir angesammelt haben, zerstört, du hast die Blumen zertreten, du hast mein Licht ausgeschaltet. Du hast mir alles aus dem Herzen genommen: Liebe, Barmherzigkeit, Güte, Freundschaft. Es blutet, als wäre es der Verrat des Jahrhunderts, es hört nicht auf. Das ist keine emotionale Ausbeutung, das ist nicht nur Literatur, das ist die Wahrheit meines blutenden Herzens. Ich habe dir meine Seele geöffnet. Ich habe dir von meiner Vergangenheit und meiner Zukunft erzählt. Ich habe meine Träume und Enttäuschungen mit dir geteilt. Dieser Brief richtet sich eigentlich nicht an dich, sondern an mein blutendes Herz, an meine verletzte Seele, an meine verunreinigte Kindheit, an alles, was du in mir getötet hast. Dieser Brief richtet sich nicht an dich, sondern an alle Menschen mit reinem Herzen.

Jede negative Emotion, die wir anderen gegenüber anhäufen, wird zu einer Mauer vor uns. Damit bestrafst Du dich selbst, keinen anderen. In Dir steckt ein Kind, das mit dem Kämpfen aufhören will. Wenn Du das Kind vernachlässigst, wirst Du keinen Schritt weiterkommen.

Das Leben ist wie eine Schneeflocke: Entweder schmilzt man, bevor man zu Boden fällt, oder wird in dem Moment, in dem man fällt, zertreten.

Was für eine lustige, abenteuerliche, kleine Welt wir hatten. Wir hatten weder die Traurigkeit von gestern

noch die Hektik der Zukunft im Kopf. Wir blieben im Moment, wir feierten und liebten ihn. Mein Herz ist immer noch ein Kind, verletzt und hoffnungsvoll.

Menschen, die sich von der Gesellschaft und dem Einzelnen ungeliebt und wertlos fühlen, nutzen drei Strategien, um ihre Existenz zu bestätigen. Entweder sie agieren wie ein Clown, der die Gruppe amüsiert und so Aufmerksamkeit erregt. Oder sie bleiben in der Opferrolle und gewinnen so die Sympathie des anderen, um Aufmerksamkeit zu erhalten. Oder sie wählen den Weg der Rache und des Zorns, um sich lebendig und akzeptiert zu fühlen. Ganz nach dem Motto: „Du hast mich nicht als guten Menschen gesehen, jetzt wirst du die andere Version von mir spüren!"

Wer nicht in der Lage ist, sich selbst gegenüberzustehen, muss jeden Tag eine Maske tragen.

Literaturverzeichnis

Matthew Karsten, (Fotograf)
„Eine Investition ins Reisen ist eine Investition in dich selbst."
Pinterest. https://images.app.goo.gl/1Ka3Wvb93EW1McZY8

Michael Mary, (deutscher Autor) (2008). *Lebe deine Träume.*
(1. Auflage). (144 Seiten). Nordholt Verlag.
Bist du ein individueller oder eher gesellschaftlicher Mythos?

Arthur Schoppenhauer, (deutscher Philosoph und Hochschullehrer). (2016). *Die Welt als Wille und Vorstellung.* (4.Auflage).
(992 Seiten). Michael Holzinger Verlag. Können Individuen
harmonisch mit der Gesellschaft zusammenwirken oder fordert Individualität Opfer. Gute Zitate https://gutezitate.com/
zitat/110600#google_vignette.

Johann Wolfgang von Goethe, (deutscher Dichter und Politiker). *Der Schatzgräber.*
„Arm am Beutel, krank am Herzen."
Deutsche Lyrik. https://www.deutschelyrik.de/der-schatzgraeber.html.

Sâdık Hidâyet, (iranischer Schriftsteller). *Die blinde Eule.* (2017).
(2.Auflage). (199 Seiten). Goethe & Hafis Verlag.

Heinrich Heine, (deutscher Dichter und Schriftsteller). *„Von allen Welten, die der Mensch erschaffen hat, ist die der Bücher die gewaltigste.“* Gymnasium Mellendorf. https://gymnasiummellendorf. de/schuelerecke/von-allen-welten-die-der-mensch-erschaffen-hat-ist-die-der-buecher-die-gewaltigste/.

Becki Rabin, (britische Business Mentorin, Autorin). (2002). *Die Kraft des Manifestierens.* (1. Auflage). (176 Seiten). Verlag Droemer Knaur. „Was wäre, wenn ich dir sagen würde, dass es für dich ein Leben gibt, indem du all die fabelhaften Dinge tun könntest, die du dir wünschst?"

Marcel Proust, (französischer Schriftsteller). *„Loslassen – Setz dich an einen Bach und sei einfach da. Das Lied des Wassers wird deine Sorgen aufnehmen und sie hinab zum Meer tragen.“* Aphorismus zum Thema loslassen. https://www.aphorismen.de/zitat/54603

Ralf Kunke, (Psychologe). Aphorismus zum Thema Enttäuschung. https://www.aphorismen.de/zitat/189441 *„Man ist nicht enttäuscht von dem, was ein anderer tut oder nicht tut, sondern nur hinsichtlich der eigenen Erwartungen an den anderen"*

Aristoteles, (griechischer Universalgelehrter). *„Wer seine Ängste überwunden hat, wird wirklich frei sein"* Zitate berühmter Personen. https://beruhmte-zitate.de/zitate/1969093-aristoteles-wer-seine-angste-uberwunden-hat-wird-wirklich-fre/

Willy Brandt, (ehemaliger Bundeskanzler der Bundesrepublik Deutschland). Zitate von Willy Brandt. https://www.willy-brandt-biografie.de/quellen/zitate/zitat-2/.
„Wer Unrecht lange geschehen lässt, bahnt dem nächsten den Weg.“

Laura Malina Seiler, (Influencerin, Schriftstellerin). (2021). *Zurück zu mir.* (5.Auflage) (Seitenzahl 192). „Das Universum stellt dir so lange die gleiche Frage, bis du sie gelöst hast." Verlag Rowohlt Taschenbuch. Mögest du glücklich sein. Erste Publikation.

Schams-e Tabrizi, (persischer Mystiker). Gedichte Hakan Mengüc. https://www.facebook.com/share/v/JmV5HdSgV8xt5sXs/

Wilfried Schley, (deutscher Psychologe) *„Das vertraute Elend ist uns lieber als das unbekannte Glück."* https://www.fachportal-paedagogik.de/literatur/vollanzeige.html?FId=2433278

Wolfgang Schmidbauer, (deutscher Psychologe, Psychoanalytiker und Schriftsteller). (2007). *Das Helfersyndrom.* (5 Auflage). (350 Seiten). Verlag Rowohlt Taschenbuch. Erste Publikation: Die hilflosen Helfer (1992).

Natascha Kampusch, (österreichische Autorin). (2022). *Stärke zeigen.* (1.Auflage). (176 Seiten). „Wer will schon hinter sich selbst zurückbleiben". Verlag Dachbuch. Erste Publikation. (3096 Tage).

Clara Louise, (deutsche Singer-Songwriterin und Autorin). *„Mein Körper ist noch gefangen in der Angst der Vergangenheit, doch mein Herz ruft immer lauter nach dem Ort, an dem ich heute bin." Clara Louise* https://www.facebook.com/share/5LtX4EdqkT2jFeJS/. Erste Publikation (von verlassenen Träumen & und einem leichteren morgen. (2018).

Lucia Feider, (deutsche Erzieherin). *12 Forderungen eines Kindes.* https://beratungsstelle-bonn.ekir.de/inhalt/12-forderungen-eines-kindes-an-seine-eltern/

Memed Uzun, (kurdischer Schriftsteller). *Ich bin der Dichter der verletzten Seelen, der Menschen, die ihre Stimme verloren haben und sich schwertun, sich auszudrücken".* Im Schatten der verlorenen Liebe. (1998). (224 Seiten). Unionsverlag

Walt Disney, (amerikanischer Trickfilmzeichner und Filmproduzent). *„Alles, was du dir vorstellen kannst, kannst du auch erreichen."* Zitate. https://www.zitate.de/autor/disney%2c+walt.

Oscar Wilde, (irischer Schriftsteller). (2002). *„Sich selbst zu lieben ist der Beginn einer lebenslangen Romanze."* (Auflage 1). (216
Seiten). Insel Verlag.

Kontra K, (deutscher Rapper). *„ Erfolg ist kein Glück, sondern nur
das Ergebnis von Blut, Schweiß und Tränen."* https://genius.com/
Kontra-k-erfolg-ist-kein-gluck-lyrics.

Charles Kuralt, (amerikanischer Journalist). *„Die schönsten Erinnerungen sind stets Erlebnisse, für die man sich Zeit genommen
hat. Ich weiß genau, dass ich immer durchs Leben gehetzt bin, zu
viel Ungeduld und Rastlosigkeit im Gepäck gehabt, zu viele Chancen
verpasst und zu viele wertvolle Menschen im aufgewirbelten Staub
übersehen habe."* https://meinpapasagt.de/die-schoensten-erin-
nerungen-sind-stets-erlebnisse/.

Friedrich Nietzsche (Philologe und Philosoph) *„Der Weg zu allem Großen geht durch die Stille"* https://www.aphorismen.de/zi-
tat/5778. Erste Publikation. (Die Geburt der Tragödie aus dem
Geiste der Musik. (1872).

„Je stiller du bist, desto mehr kannst du hören." Hör, wohin dich der
Weg führt, hör auf dein Herz! Chinesische Weisheit Aphorismen.
https://www.aphorismen.de/zitat/13275

Mark Twain, (amerikanischer Schriftsteller). „Jeder ist ein Mond
und hat eine dunkle Seite, die er niemandem zeigt." Aphorismen https://www.aphorismen.de/zitat/10910, erste Publikation (Die Arglosen im Ausland). (1869).

Georg Christoph Lichtenberg, (deutscher Physiker, Naturfor-
scher, Schriftsteller und Mathematiker). *„Ich weiß nicht, ob es
besser wird, wenn es anders wird. Aber es muss anders werden, wenn
es besser werden soll.",* The new you.
https://thenewyou.de/blogs/zitate/69252229-besser.

Erich Fromm, (deutscher Psychoanalytiker und Philosoph). (1956). *Die Kunst des Liebens*. (60. Auflage). (160 Seiten). Ullstein Verlag. „Wer nicht erschaffen kann, neigt dazu, zu zerstören."

Dankbarkeit ist eine der schönsten Formen der Wertschätzung. Pinterest. https://images.app.goo.gl/bN9VWpodCsp6mD1Q9.

Die Autorin

Die Autorin Fatma Agva wurde 1978 in Maras in der Türkei geboren. Nach ihrem Realschulabschluss absolvierte sie zunächst eine Ausbildung zur Bürokauffrau, ehe sie in einem regionalen Geschäft arbeitete und schließlich in die Pflege wechselte. Bis zu ihrem elften Lebensjahr wuchs sie in einfachen Verhältnissen in der Türkei auf. Schon in ihrer Kindheit musste sie aufgrund ihrer feinfühligen, empathischen Art sehr viel Leid erfahren. In Deutschland angekommen folgte der Kampf um das Asylrecht. Mittlerweile ist sie in ihrem Leben angekommen und lässt sich bei der Lebensführung von ihrem Herzen leiten. Sie hat drei Neffen, mit denen sie sehr gerne Zeit verbringt. In ihrer Freizeit liebt sie es, zu lesen, zu schreiben, die Natur zu beobachten und von ihr zu lernen. Dazu geht sie gerne nach draußen und fotografiert. Die Natur inspiriert sie auch bei ihren Werken. „Die Wahrheit ist, ich war schon immer anders" ist ihre erste Veröffentlichung.